ADAC

Französische Atlantikküste

von Jonas Fieder

ADAC Top Tipps

Das müssen Sie gesehen haben! Die zehn Top Tipps bringen Sie zu den absoluten Highlights.

ADAC Empfehlungen

Unterwegs gut beraten: Diese 25 ausgesuchten Empfehlungen machen Ihren Urlaub perfekt.

Preise für ein DZ mit Frühstück:
€ | bis 150 €
€€ | bis 200 €
€€€ | ab 200 €

Preise für ein Hauptgericht:
€ | bis 20 €
€€ | bis 30 €
€€€ | ab 30 €

3-mal draußen

1 Zum Picknickplatz rudern

Zu zweit sollte schon sein, wer das Mietboot durch die verschlungenen Kanäle des romantischen Marais Poitevin rudern möchte. Unweit der Klosterruine von Maillezais kann das Abenteuer beginnen. Ein Plan des weitverzweigten Sumpfes ist selbstverständlich mit an Bord. Nach eineinhalb Stunden Stille, nur das Eintauchen der Ruder ist zu hören, lockt ein schattiger Picknickplatz. Gestärkt und ausgeruht geht es unter Bäumen und an unbefestigten Ufern entlang zurück.

■ Embarcadère de l'Abbaye, www.marais-poitevin-tourisme.com (S. 110)

2 Echtes Dünen-Feeling

Wer den Besucherstrom auf der Treppenanlage hinauf zu Europas größter Wanderdüne meiden möchte, nähert sich dem Sandkoloss von der Meerseite aus. Eine sanft abfallende Treppe (Escalier La Corniche) an der Avenue Louis Gaume führt hinunter zur Promenade, die linker Hand auf die Düne von Pilat zuläuft. Von hier den Aufstieg (ohne Treppen!) wagen – oder doch lieber am Strand spazieren gehen?

■ Der Strandzugang liegt nördlich der Düne (S. 84) im Ort Le Pilat Plage in einer Kurve.

3 Fahrradparadies Médoc

Lacanau-Ocean ist berühmt für endlose Sandstrände, weshalb es hier auch strandtaugliche Räder zu mieten gibt, doch das ideale Terrain bieten die Seenlandschaft und Waldwege im Hinterland. Sportliche schaffen es bis hinauf nach Soullac oder strampeln bis hinunter nach Arcachon, um sich mit Austern zu stärken. Bei Bicy'Cool kennt man das Wegenetz und empfiehlt das passende Modell.

■ Bicy'Cool Lacanau, 15, avenue Poincaré, Tel. 05 47 43 02 10, www.location-velo-lacanau.com

Seite 31

Intro

Magazin

Seite 25

Seite 23

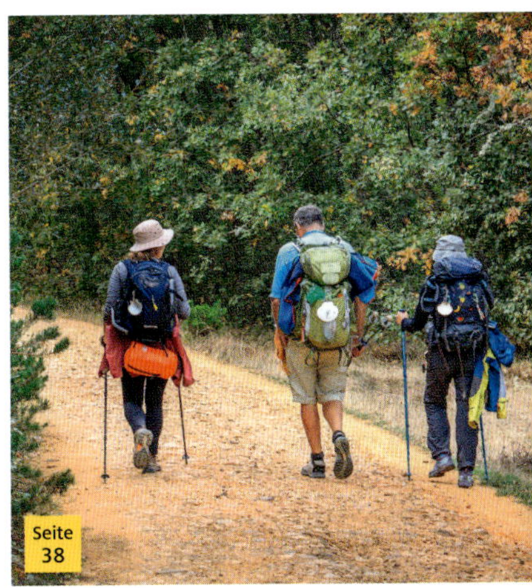
Seite 38

Im Blickpunkt

Unterwegs

ADAC Quickfinder

Seite 10

Seite 58

Zu diesen Orten und Sehenswürdigkeiten finden Sie Detailkarten im Innenteil des Reiseführers.

Service

Umschlag:

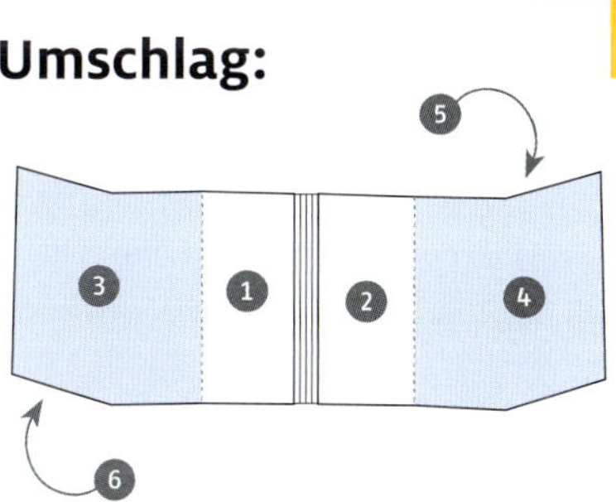

ADAC Top Tipps: Vordere Umschlagklappe, innen 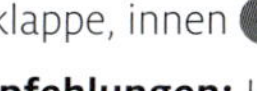

ADAC Empfehlungen: Hintere Umschlagklappe, innen 

Übersichtskarte Nord: Vordere Umschlagklappe, innen 3
Übersichtskarte Süd: Hintere Umschlagklappe, innen 4
Stadtplan Bordeaux: Hintere Umschlagklappe, außen 5
Ein Tag in Bordeaux: Vordere Umschlagklappe, außen 6

Sandstrände ohne Ende … und doch so facettenreich

An der französischen Atlantikküste lässt sich weit mehr unternehmen, als nur Sandburgen bauen

Im 19. Jh. wurde in Biarritz der therapeutische Nutzen des Badens entdeckt

Für ihre Atlantikküste zwischen der Île de Noirmoutier westlich von Nantes und dem französischen Baskenland, das im Südwesten an Spanien grenzt, haben die Franzosen schwärmerische Bezeichnungen ersonnen. Als »Küste des Lichts« (Côte de Lumière) umschreiben sie die Strände der Vendée. In der Region Nouvelle-Aquitaine liegt für sie die Île de Ré im Zentrum der »Blumenküste« (Côte des Fleurs) und als »Wilde Küste« (Côte sauvage) erscheint ihnen die dem oft tosenden Atlantik zugewandte Uferlinie der Île d'Oléron. Als Hauptstadt der »Küste der Schönheit« (Côte de Beauté) gilt Royan. Was weiter südlich folgt, kennt jeder, der schon einmal Frankreichs Südwesten bei klarem Wetter Richtung Spanien oder Portugal überflogen hat. Gut zu erkennen ist dann die beinahe wie mit dem Lineal gezogene, von weißen Sandstränden geprägte »Silberküste«, die sich vom Mündungstrichter der Gironde bis hinunter zum Baskenland erstreckt. Silberne Reflexe auf dem Atlantischen Ozean brachten 1905 den Schriftsteller Maurice Martin auf die Idee, den markanten Abschnitt »Côte d'Argent« zu taufen. Bereits 1887 hatte der Dichter

Stéphen Liégeard der mondänen »Côte d'Azur« zu ihrem poetischen Namen verholfen.

So unterschiedlich die Assoziationen sind, die die Küstennamen hervorrufen, so abwechslungsreich sind auch die Naturräume und Sehenswürdigkeiten, die den neugierigen Besucher auch im Hinterland erwarten. Der Weg von den langen Sandstränden, kleinen Buchten oder attraktiven Küstenorten bis in kleinere und größere Städte, in weltberühmte Weinbaugebiete oder auf die alten Pilgerrouten mit ihren Meisterwerken romanischer und gotischer Architektur ist nie wirklich weit.

Kultur und Natur pur erleben

Nur knapp 60 km trennen Aquitaniens Hauptstadt Bordeaux von der Côte d'Argent. Der Besuch der eleganten Weinhandelsmetropole an der Garonne mit ihrer prachtvollen Uferpromenade, den versteckten Plätzen in der sorgsam restaurierten Altstadt und zahlreichen Kirchen und Museen ist allein schon eine Reise in Frankreichs

In der Cité du Vin lässt sich alles zum Thema Wein erfahren (unten) – dazu passen auch Austern (ganz unten)

Südwesten wert. Und inmitten der ausgedehnten Weinbaugebiete des Médoc oder um das pittoreske Städtchen St-Émilion herum kommen nicht nur Weinliebhaber auf ihre Kosten. Ganz anders, aber nicht weniger reizvoll ist die Atmosphäre im typisch baskischen Bayonne, im mondänen Surferparadies Biarritz oder im authentischen Hafenstädtchen St-Jean-de-Luz. Auf dem Weg an die Atlantikküste liegen die für ihre romanische Architektur berühmten Landschaften des Poitou und der Saintonge. Hier sind es etwa die Kirchen Notre-Dame-la-Grande in Poitiers und die Abbaye aux Dames in Saintes an der Charente, die einst den Jakobspilgern des Mittelalters das Seelenheil in meisterlichen Bildprogrammen vorführten. Auch die spektakulär auf einem Felsvorsprung über der Gironde balancierende kleine Kapelle Ste-Radegonde gehört zu den Höhepunkten einer Reise an die französische Westküste. Eine Entdeckung sind die vielen sogenannten Bastiden, meist im Spätmittelalter um eine oft quadratische Platzanlage herum entstandene symmetrische Ansiedlungen, von denen Labastide d'Armagnac die am besten erhaltene ist.

Ich wohne hier an einem beinahe zu schönen Ort. «

Friedrich Hölderlin (1770–1843), 1802 als Hauslehrer in Bordeaux tätig

Schier endlos scheinen sich die Sandstrände am Horizont für denjenigen zu verlieren, der einen der vielen meistens historischen Leuchttürme bestiegen hat und aus windiger Höhe einmalige Ausblicke genießt. Vom Leuchtturm (Phare) des Cap Ferret aus lässt sich die immense Größe der Wanderdüne von

Der Pont de pierre in Bordeaux führt malerisch über die Garonne

Pilat auf der Südseite des Bassin von Arcachon erkennen, während von der schmalen Plattform des Phare de la Coubre der gewaltige Mündungstrichter der Gironde zum Greifen nahe liegt. Und hoch oben auf dem Grand Phare der weit vor der Küste gelegenen Île d'Yeu kann einen beim Blick auf die Weiten des Atlantik Richtung Neufundland das Fernweh packen. Doch auch im Inland lassen sich Naturfreunde verwöhnen, etwa vom schroffen Bergmassiv La Rhune, das sich unmittelbar hinter der baskischen Küstenfront als ideale Wanderkulisse auftürmt, oder von der Stille auf den vielen schmalen Kanälen des Marais Poitevin zwischen Poitiers und der Küste der Vendée.

Unbeschwert Urlaub machen

Dass vor allem im Juli und August Franzosen in gesteigerter Ferienlaune ihre eigene Atlantikküste im Sturm erobern, ist ihnen nicht zu verdenken. Das Angebot an Ferienunterkünften vom Campingplatz über kleine Pensionen und Hotels bis zur alteingesessenen Luxusherberge ist groß, sowohl an den Küsten als auch im Hinterland. Darum ist im Hochsommer im Voraus buchen angezeigt. Die Atlantikküste mit dem eigenen Auto zu entdecken bewährt sich, denn außer einem komplizierten Busnetz und der Hauptstrecke der französischen Staatsbahn zwischen Poitiers und dem Baskenland bietet der öffentliche Nahverkehr nur eingeschränkte Bewegungsfreiheit. Unabhängig motorisiert zu sein, um ein verstecktes Stückchen Sandstrand, eine romanische Kapelle oder ein abgelegenes baskisches Dorf ansteuern zu können, verspricht echtes Urlaubsfeeling in einem der schönsten Landstriche Frankreichs.

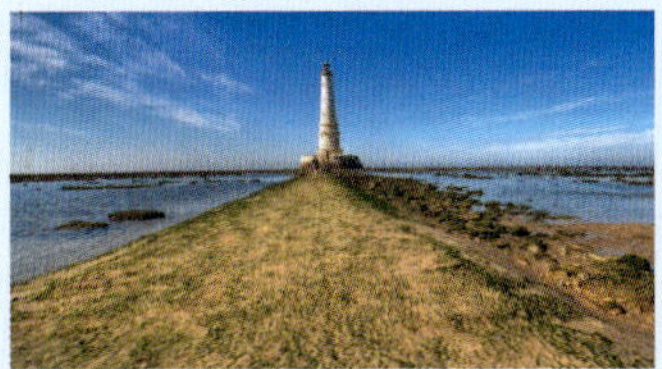

Sprachen *Amtssprache ist Französisch, in vielen Küstenorten und in den meisten Hotels wird auch Englisch (seltener Deutsch) verstanden. Das Baskische versteht zwar ein Fünftel der Bevölkerung im französischen Baskenland, es ist aber nicht als zweite Amtssprache anerkannt*

Währung *Euro*

Fläche *Nouvelle-Aquitaine 84 000 km², Pays de la Loire 32 000 km²*

Größte Stadt an der Küste *Bordeaux (250 000 Einwohner)*

Bevölkerungsdichte *92 Einw. pro km², wobei das Département Gironde mit 115 Einw. pro km² an der Spitze liegt*

Einwohnerzahl *Nouvelle-Aquitaine 5,9 Mio. Einw. , Pays de la Loire 3,7 Mio. Einw.*

Tourismus *Nouvelle-Aquitaine 27 Mio., Pays de la Loire 18 Mio. Touristen*

Religion *70 % Katholiken, 5–10 % Muslime, 3 % der Franzosen sind Protestanten*

Exportschlager *Austern in jeder Größe und garantiert frisch*

Das liebt man hier *Surfen, am liebsten von morgens bis abends*

Magazin

Bunte Fischereihäfen wie hier in St-Martin-de-Ré auf der Ile de Ré nahe La Rochelle gibt es an der französischen Atlantikküste viele. In den Sommermonaten sind in der ersten Reihe der Restaurantterrassen kaum Plätze frei, doch die Wartezeit lässt sich mit einem entspannten Bummel entlang der Quais versüßen.

RESTAURANT
PIZZERIA
A27147

Im Südwesten Frankreichs ist Bordeaux an baulicher Eleganz nicht zu überbieten. Im Schatten der Säulenvorhalle des Grand Théâtre liegt das exquisite Shopping-Mekka »Triangle d'Or« mit seinen Nobelboutiquen, und auch bis hinunter ans Garonne-Ufer mit seinen imposanten Architekturfassaden ist es von hier nicht weit.

Majestätisch thront die historistische Villa Belza über einem der einladenden Strände im berühmten Biarritz, dessen Karriere als mondänes Seebad bereits im 19. Jh. begann. Das französische Baskenland bietet mit seinem bergigen Hinterland und vielen pittoresken Küstenorten noch weitere Verlockungen.

Beste Reisezeit französische Atlantikküste

FRÜHLING

Strandspaziergänge lassen sich das ganze Jahr über machen, aber jetzt durchbricht die Sonne immer häufiger die Wolkendecke. Auch vereinzelte Surfer stürzen sich tapfer im Neoprenanzug in die Fluten.

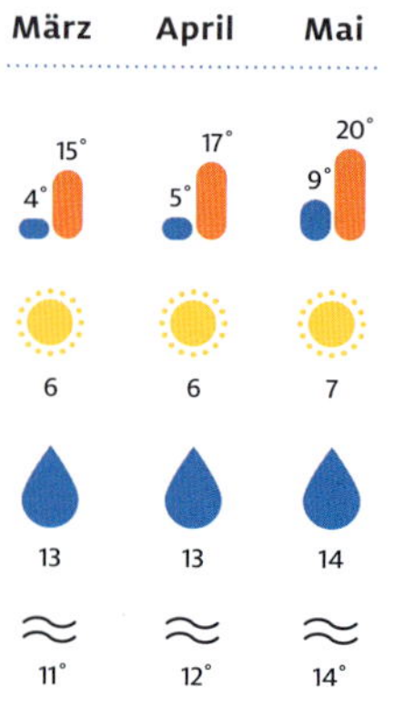

Die Bedeutung der Symbole (Angaben sind Mittelwerte)

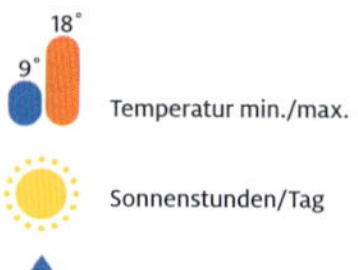

Temperatur min./max.

Sonnenstunden/Tag

Regentage im Monat

Wassertemperatur

Man sollte noch nicht damit rechnen, dass alle Bars und Restaurants in den Küstenorten wieder aus ihrem Winterschlaf erwacht sind. Höchstens am Osterwochenende oder zu Pfingsten wittern einige von ihnen das Geschäft mit Städtern, die in Frühlingsstimmung kommen. Im Marais Poitevin plagen einen im Frühjahr noch keine Mücken, und die Fahrt mit den flachen Booten, die lautlos über die Kanäle gleiten und an Poldern vorbeiziehen, wird garniert von blühenden Weiden und Eschen. Und man kann sicher sein, dass erst wenige Touristen den Weg in diese malerische Sumpfregion zwischen La Rochelle und der Vendée finden. Auch an den Stränden trifft man nur vereinzelt auf Spaziergänger, dafür aber auf eine bunt gefärbte Natur mit Goldruten, blauen Disteln, einigen einsamen Dünennelken und Strandwinden. Im Hinterland warten romanische Kapellen oder Abteikirchen darauf, vor der Kulisse sattgelb blühender Rapsfelder fotografiert zu werden. Die Voraussetzungen sind ideal für Kulturhungrige, die noch auf Erkundungstour gehen können, ohne vorab ein Hotelzimmer reservieren zu müssen. Mit Beginn der großen Sommerferien in Frankreich ändert sich das.

Im Frühling blühen im Hinterland die Rapsfelder

Sandstrände sind im Sommer nicht nur in Arcachon die schönsten Orte zum Entspannen

SOMMER

Trotz der unzähligen Sonnenanbeter gibt es an den kilometerlangen Sandstränden immer ruhige Plätze. Der Run auf die Restaurantterrassen geht im August seinem Höhepunkt entgegen.

Auf der Innenseite der Hotelzimmertüren lässt es sich jetzt schwarz auf weiß nachlesen: Man ist in der teuersten Jahreszeit unterwegs und zahlt nicht nur den Hochsaisonpreis, sondern oft sogar den Tarif für die Ultra-Hochsaison, wenn man sich für die Zeit zwischen Mitte Juli und Mitte August entschieden hat. Vorausgesetzt, man bekommt überhaupt noch ein Zimmer mit Meerblick und Minibalkon. Paris müsste jetzt eigentlich menschenleer sein, vermutet manch Feriengast, denn alle Hauptstädter scheinen sich an den Stränden, in den Eisdielen und vor den Surfbrettverleihen in Hossegor zu drängeln. Die Einheimischen sehen es gelassen, schließlich machen sie, wenn sie im Tourismussektor arbeiten, in dieser Zeit ihr Jahreshauptgeschäft. Das Wetter ist meist sehr stabil, vor allem am sonnenverwöhnten südwestlichen Küstenstreifen zwischen der Mündung der Gironde und der spanischen Grenze. Auch wenn im Sommer die Menschenschlangen deutlich länger, die Sonne heißer, der Stau nervender und die Preise höher sind, so ist das Meerwasser fühlbar wärmer, sind die Winde zurückhaltender, die Sonnenuntergänge dramatischer und das touristische Angebot ist beinahe grenzenlos. Wetter und Temperaturen sorgen für Stimmung etwa beim riesigen Open-Air-Festival der Francofolies in La Rochelle oder bei der Fête de Bayonne.

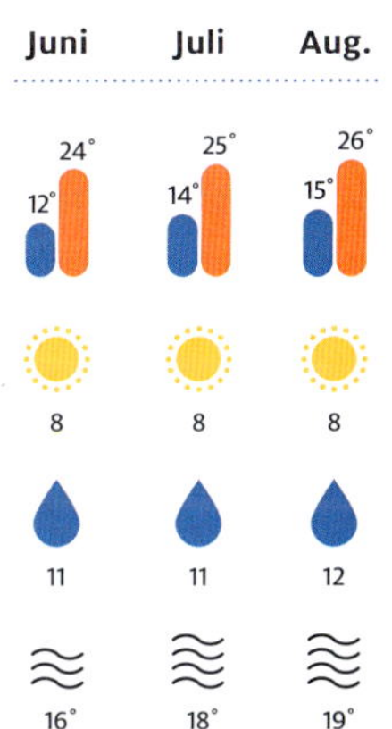

Reif für die Ernte: Weinreben um St-Émilion im Herbst

HERBST

Erste längere Regenschauer lassen zum Schirm greifen, aber gerade die baskische Küste verzeichnet noch im Oktober Wärmerekorde. Entsprechend voll kann es hier an Wochenenden werden. Und selbst Bordeaux ist beinahe verwaist, wenn in Lacanau der goldene Herbst lockt.

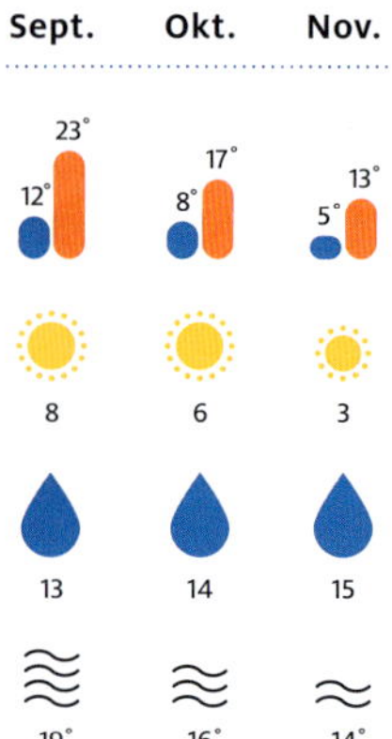

Ein Durchatmen ist zu spüren, denn spätestens Ende September, wenn nach den großen Sommerferien ganz Frankreich wieder zum Alltagsrhythmus zurückgefunden hat, erholen sich der im Juli und August arg heimgesuchte Küstenstreifen und seine vorgelagerten Inseln. Einige glückliche Urlauber, die ihre Ferien nicht (mehr) mit schulpflichtigen Kindern organisieren und finanzieren müssen, profitieren vom immer noch überwiegend stabilen Wetter und von sinkenden Preisen. Alles läuft jetzt ruhiger, und man bekommt vielleicht häufiger den scheuen Austernfischer, einen Wattvogel, zu Gesicht, wenn er eifrig nach Muscheln und Seeschnecken pickt, oder den eleganten Säbelschnäbler, der ihm hierbei Konkurrenz macht. Weinliebhaber, die jetzt auf die großen Châteaux von St-Émilion oder Pauillac zusteuern, weil sie vielleicht dem Winzer bei der Ernte über die Schulter oder bei einer Verkostung tief ins Glas schauen wollen, bekommen noch etwas anderes geboten und zwar umsonst: Über die hügelige Landschaft rundum liegt bis zum Horizont das Blättermeer der Weinstöcke herbstlich gefärbt da, ein Anblick, den man so schnell nicht vergisst.

WINTER

An den Küsten ist man kaum auf Schneefall eingestellt, aber es gibt ihn immer häufiger. In den zum Fest herausgeputzten Altstädten steigert sich dann die weihnachtliche Atmosphäre. Die Badeorte liegen im Winter meist wie ausgestorben da.

Das atlantische Klima kann selbst im Winter für ausgiebige Sonnenstunden sorgen, doch darauf verlassen sollte man sich nicht. Angst vor andauernden Minustemperaturen braucht man andererseits nicht zu haben, selbst wenn der fortschreitende Klimawandel immer für Überraschungen gut ist. Warm eingepackt lässt sich an den Küsten zwischen November und März, vor allem an der Gironde und rund um das Bassin von Arcachon, das Schauspiel der Zugvögel beobachten. Die meisten von ihnen ziehen weiter nach Süden, einige überwintern hier. Mit etwas Glück kann man auf große Schwärme von Kranichen stoßen, die über dem Baskenland die westlichen Pyrenäen auf dem Weg nach Spanien überqueren. Um Weihnachten herum und bis ins beginnende neue Jahr kommen auch wieder Touristen an die Atlantikküste. Viele Franzosen, die es jetzt nicht an die Traumstrände ihrer überseeischen Départements in der Karibik oder im Indischen Ozean oder aber auf die Pisten ihrer heimischen Skigebiete in den Alpen zieht, nutzen die Weihnachtsferien für einen Kurzurlaub.

	Dez.	Jan.	Feb.
	3° 9°	2° 9°	2° 11°
	2	3	4
	17	16	13
	13°	11°	11°

Zugvögel im Vogelreservat Teich im Bassin d'Arcachon

Küste für Genießer

Man muss nicht unbedingt Austernliebhaber sein, um sich kulinarisch an der Atlantikküste wohlzufühlen. Sterneküche in Bordeaux oder im Baskenland, einfache Landgasthöfe im Poitou oder in der Saintonge, Strandbars mit fangfrischem Fisch und nicht zuletzt der weltweit renommierte Weinanbau des Bordelais versprechen höchste Gaumenfreuden.

Die Franzosen tafeln stundenlang, trinken ausschließlich ihre eigenen Weine, unterhalten sich ständig übers Essen und verbringen eine gefühlte Ewigkeit in Markthallen, wo sie sich über die Frische und Qualität von Fisch, Fleisch und Gemüse streiten, bevor sie Unsummen hierfür ausgeben. Jedes Klischee enthält einen Funken Wahrheit. Beim Urlaub an der Atlantikküste lässt es sich überprüfen.

Unter der Woche füllen sich in großen Städten wie Bordeaux die Restaurants oder Bistros zur Mittagszeit schnell, aber viel Zeit zum Essen haben Berufstätige auch hier nicht. An Wochenenden, wenn mit der ganzen Familie ein Restaurantbesuch geplant ist, kann sich das Essen dagegen über Stunden hinziehen. In der Hochsaison im Sommer, wenn halb Frankreich an den eigenen Küsten Urlaub macht, müssen Sie mit Schlangestehen rechnen, bevor Ihnen ein Tisch zugewiesen wird. In den Wintermonaten hingegen schließen etliche Restaurants, vor allem an den Küsten, aber auch in einigen Dörfern des baskischen Hinterlands, da sich dann nur wenige Touristen in die Gegend verirren. Ist erst einmal der Sitzplatz in einem Restaurant oder einer Brasserie erobert, lohnt, auch wenn die Speisekarte lang ist, immer der Blick auf die Tagesgerichte (»plats du jour«). Das Gleiche gilt für kleine Bistros, deren Karte normalerweise sehr überschaubar ist. Auf einer Reise entlang der Atlantikküste von der Vendée bis hinunter ins Baskenland stellen die unterschiedlichen Küchen eine kulinarische Herausforderung dar.

»Marmitako«, baskischer Eintopf mit Thunfisch und Kartoffeln

Schlemmen vor historischer Kulisse auf der Place du Palais in Bordeaux

WAS DAS MEER HERGIBT

Die Tische und Bänke vor den Austernzuchten in Marennes oder Arcachon erinnern an Münchener Biergärten. Geschlürft werden hier jedoch Austern, von erklärten Fans der Weichtiere gleich dutzendweise. Als Luxusspeise wie in Deutschland gelten sie hier nicht. Preiswert ist auch das einfache Glas Weißwein, das sie begleitet. Aufwendiger ist die Zubereitung der »eclade«, bei der Muscheln über einem Feuer aus Piniennadeln gegart werden. Wer es herzhafter und abwechslungsreicher mag, bestellt sich im Baskenland den »ttoro«, einen scharf mit Piment d'Espelette gewürzten Fischtopf, für den Muscheln, Kaisergranat, Seehecht, Drachenkopf, Rotbarbe und Meeraal ihr Leben ließen. Neben den ebenfalls pikant gegrillten Sardinen, die vor St-Jean-de-Luz aus dem Meer gezogen werden, schwören die Basken auch auf ihren Eintopf »marmitako« mit Rotem Thunfisch, Tomaten, Knoblauch und Kartoffeln.

DEFTIG UND KRÄFTIG, ABER SELTEN VEGETARISCH

Der in der Vendée und an den Ufern der Charente beliebte »farci charentais«, eine Art Gemüsepastete mit Spinat, Lauch, Zwiebeln und Kerbel, kommt eigentlich ohne Fleisch aus, doch nicht selten wird auch hier Schweinefleisch beigemischt. Sehr deftig ist der »foie

Wein gehört in Frankreich ebenso zum Essen wie guter Käse

de veau à la bordelaise«, eine in Weißwein zubereitete Kalbsleber mit Schinkenscheiben, Schalottensauce und Steinpilzen. Enten-Confit und die (weltweit umstrittene) Stopfleber (»foie gras de canard«) gehören genauso zur Küche des französischen Westens und Südwestens wie Lammfleisch (»agneau«). An der Charente wird es über einer Weinranke gegrillt oder in der Keule mit Bohnenkraut und Pinienkernen zubereitet. Die Basken servieren es mit Tomaten und Paprika als »piperade« oder als rustikales »axoa«, würziges Lammragout.

WEIN? IMMER NUR ZUM ESSEN

Warum haben die Franzosen, die am Nachbartisch saßen, ihre (teure) Flasche Rotwein nicht ganz geleert, werden sich einige fragen. Für die meisten Franzosen begleitet der Wein das Essen. Ist es beendet, bleibt manchmal eben noch ein Rest in der Flasche. Der neugierige Besucher der Atlantikküste wird diesem Beispiel wohl nicht folgen. In der Bar Latitude 20 der Cité du Vin in Bordeaux (S. 67) wartet eine Auswahl großer Bordelais-Weine, die glasweise probiert werden möchte. Auch im Département Charente wird Wein angebaut, der dem Gaumen aber erst Freude bereitet, wenn er sich als Destillat und lange in Eichenholzfässern gelagert goldbraun als hochpreisiger Cognac im Glas schwenken lässt. Der süße Anis-Schlehen-Likör Patxaran aus dem Baskenland schmeckt im Vergleich dazu doch eher wie hochprozentige Medizin.

In aller Munde

Canelés

Wenn man sie so anschaut, die kleinen zylinderförmigen Kuchen, die gerade mal eine Höhe von 5 cm erreichen, sehen sie aus, als hätte der Konditor sie zu spät aus dem Backofen gezogen. Kräftig und dunkel karamellisiert ist ihre Oberfläche, die geriffelt oder kanneliert erscheint – daher stammt auch ihr Name. Ihrer Zusammensetzung kommt man natürlich erst auf den Grund, wenn man sie gekostet hat. Innen sind sie von luftigem Gelb und man merkt schnell, dass ihr Teig dem für die Crêpe-Herstellung ähnelt. Sehr flüssig wird er in kupferne Formen, die an einen kleinen Gugelhupf erinnern, gegossen. Das Ergebnis kann sich schmecken lassen, immer gerne zum Frühstück oder als Dessert. Mehl, Milch, Butter, Vanille, Rum, Rohrzucker und vor allem viel Eigelb braucht der Konditor für seine Canelés. Wer sie erfunden hat? Man weiß es nicht genau, vermutet aber einen Zusammenhang mit der Weinproduktion. Früher wurde der Rotwein mit aufgeschlagenem Eiweiß »geschönt« bzw. geklärt. Das im Weinfass hinuntersinkende Eiklar zog alle Unreinheiten mit sich. Und was machten die Winzer mit dem nicht verwendeten Eigelb? Sie überließen es Nonnen, die daraus kleine Kuchen backten ...

So richtig in Mode kamen die Canelés jedoch erst in den 1980er-Jahren, als der Bürgermeister von Bordeaux, Jacques Chaban-Delmas, die Werbewirksamkeit der kleinen Kuchen erkannte. Er ließ sie bei jedem Empfang im Rathaus servieren. Sie müssen frisch gegessen werden, am besten bei Baillardran *(www.baillardran.com)*. Zwischen zwei und drei Euro muss man pro Stück übrig haben.

Canelés de Bordeaux schmecken auch zum Frühstück

Die fragile Welt der Crassostrea gigas

Werden wir auch in ein paar Jahren noch Austern essen? Diese bange Frage stellen sich Aquakulturforscher. Eine Bedrohung der Bestände durch Klimawandel und Krankheiten ist heute Realität und gefährdet einen der wichtigsten Wirtschaftszweige an der Atlantikküste.

Wer hier unterwegs ist, begegnet ihr auf Wochenmärkten, wo sie kiloweise in Holzkisten, den »bourriches«, angeboten wird, oder am Straßenrand auf den langen Holztischen direkt beim Züchter, wo sie auf Algen präsentiert und, von einem Glas trockenen Weißweins begleitet, oft im Dutzend geschlürft wird. Die Auster kann flach (»huître plate«) oder tief (»huître creuse«) daherkommen, je nachdem wie markant ihr Unterteil ausgeformt ist. Meist sind es die »huîtres creuses«, die Pazifischen Austern, die das Angebot von Marennes-Oléron bestimmen. Etwa die Hälfte aller in Frankreich gezüchteten Austern stammt aus diesem Gebiet. Schon die Römer ergötzten sich im eroberten Gallien an den Schalentieren, die damals zunächst noch wild vor den Küsten im flachen Wasser heranwuchsen. Doch bald schon begann ihre Zucht, wie Plinius im 1. Jh. n. Chr. zu berichten wusste. Heute werden den Millionen von Austernlarven, die in den seichten Gewässern zwischen Île d'Oléron und Festland schwimmen, Auffangmöglichkeiten an Plastikrohren geboten. Hieran klammern sie sich fest und beginnen damit, ihr Gehäuse zu formen. Der Austernzüchter überwacht ihr Heranwachsen und wird sie nach 18 Monaten in grobmaschigen Säcken auf Eisengestellen für weitere zwei Jahre den Gezeiten aussetzen. Bevor die etwa vierjährige Auster in den Handel kommt, »verfeinert« der Züchter sie noch in seinen »claires« genannten Bassins, in denen besonders planktonreiches und weniger salzhaltiges Wasser ihr den besonderen Geschmack verleiht. Erst dann darf sie sich »Fine de Claire« nennen.

VON ANFÄNGERN UND FORTGESCHRITTENEN

Beim Anblick der Auster stellt sich dem Laien zunächst die Frage, wie er sie überhaupt öffnen kann. Ohne ein Spezialmesser, das zwischen flacher Ober- und tiefer Unterseite richtig angesetzt das Hindernis überwindet, geht es nicht. Die Franzosen sind beim Schlürfen der (lebenden) Austern Puristen und genießen die Eiweißbomben ohne Zitrone oder Rotweinessig, die Anfängern gerne dazu gereicht werden.

Austern werden nach Gewicht durch die Zuordnung von Nummern unterschieden. Je höher die Zahl, desto leichter ist die Auster. Einsteigern ist daher eher die knapp 60 g leichte Nr. 4 zu empfehlen, denn Nr. 0 wiegt schon mehr als das Doppelte. Und den Begriff »schlürfen« sollte man nicht unbedingt wörtlich nehmen: Austern gehören zerkaut, um auf ihren Ge-

Austernzüchter brauchen Geduld: Erst nach vier Jahren wandert eine Auster auf den Markt

schmack zu stoßen. Den Franzosen schmecken sie am besten an den Feiertagen zu Weihnachten. Die Hälfte der Jahresproduktion geht dann über den Ladentisch.

WELTWEIT AUF DEM SPEISEPLAN

Die heute in europäischen Gewässern überwiegend anzutreffende Auster stammt ursprünglich aus dem Pazifik, an dessen Küsten auch die meisten Austernfans leben. China beherrscht bei Austernproduktion und -verzehr den Weltmarkt. Mit einigem Abstand folgen Südkorea, Japan und die USA. Frankreich auf Platz fünf braucht in Europa keine Konkurrenz zu befürchten, wachsen doch 90 % aller in unseren Breiten geschlürften Austern in französischen Gewässern. Doch die Bestände sind seit knapp zehn Jahren gefährdet. Ein für den Menschen ungefährliches Virus hat seitdem einen Großteil der jungen Austernlarven absterben lassen. Es entwickelt sich im durch den schleichenden Klimawandel immer wärmer werdenden Wasser leider prächtig. Eine Lösung des Problems ist noch nicht in Sicht.

Rund um die Auster

Wer die Schalentiere nicht nur direkt vor Ort kosten, sondern mehr über sie erfahren möchte, kann in der Cité de l'Huître in die Welt der »ostréiculteurs«, der Austernzüchter, eintauchen.

Chenal de la Cayenne, Rue des Martyrs, Tel. 05 46 36 78 98, www.cite-huitre.com, April–1. Nov. 10.30–19 Uhr, 9 €, Kinder (6–16 J.) 5 €, Familienticket 23 €

Wer französische Mode sucht, sollte sich im Triangle d'Or in Bordeaux umschauen

Edle Weine, saftiger Schinken, gutes Tuch

Ein Blick auf die Auslagen in den Schaufenstern oder die bunte Auswahl in den Markthallen gehört für viele zum Urlaubsfeeling wie die erholsame Aussicht auf die Weite des Ozeans. Die französische Atlantikküste und ihr Hinterland haben hier einiges zu bieten.

Es hat natürlich Vorteile, mit dem eigenen Wagen unterwegs zu sein. So lässt sich der Kofferraum für die Rückreise eng mit Kisten erstklassigen Weins bepacken, die im Médoc (S. 87) oder vor den Toren von St-Émilion (S. 78) direkt im Château erstanden wurden. Und vielleicht passt auch noch der ganze Schinken hinein, dem man in einem der vielen kleinen Geschäfte beim Bummel durch die enge Altstadt von Bayonne (S. 154) einfach nicht widerstehen konnte. Etwas zurückhaltender wird man wohl beim Einkauf in einer der berühmten Destillerien im kleinen Städtchen Cognac (S. 134) sein, nachdem man einen Blick aufs Preisetikett des edlen Digestifs geworfen hat ...
In den Markthallen oder auf den Wochenmärkten von St-Jean-de-Luz, Bayonne, Bordeaux, La Rochelle oder Les Sables-d'Olonne können Sie sich mit Lebensmitteln

eindecken oder sich zumindest durch die Auslagen der üppigen Käsetheken probieren.
Neben der Küche fällt vielen zu Frankreich meist als Nächstes die Mode ein, doch wird hier in der Regel nur an Paris gedacht. Dabei reiht sich im schicken Triangle d'Or von Bordeaux (S. 70) eine Markenboutique an die andere, und selbst in der Altstadt von Biarritz oder in den Seebädern Arcachon und St-Martin-du-Ré braucht man aufs Modeshopping nicht zu verzichten. Zünftiges Segler-Outfit findet man eher in La Rochelle oder Les Sables-d'Olonne.

Das perfekte Souvenir

Linge basque, gestreifte Stoffe aus dem Baskenland

Eigentlich erstaunlich, dass Kaiserin Eugénie, Gattin Napoleons III., die Mitte des 19. Jh. Biarritz als Urlaubsort entdeckte, sich dort für die traditionellen baskischen Stoffe begeistern konnte. Gradlinig im Stil, ursprünglich nur dreifarbig und aus eher grobem Leinen gewebt, hätte der Gegensatz zum Pariser Neobarock der Epoche kaum größer sein können. Die Kaiserin sollte es nicht mehr lange geben, die baskischen Stoffe haben überlebt. Heute webt man sie aus Baumwolle und nutzt sie als Tischdecken, Tragetaschen, Kissenbezüge, Bade- oder Geschirrtücher. Dabei dienten sie einst wohl ganz anderen Zwecken. Die robusten Leinenstoffe bedeckten die breiten Rücken von Rindern und Milchkühen, um sie vor Ungeziefer, aber auch vor der glühenden Sonne zu schützen. Die heute so dekorativ wirkenden Streifen waren mit Bedacht gewählt: Ursprünglich sieben, symbolisierten sie die baskischen Provinzen, drei im französischen und vier im spanischen Teil des Baskenlands. Und auch die Farben spielten vermutlich eine Rolle, doch ganz genau weiß man es heute nicht mehr. Stand Blutrot für die Viehhalter, Blau für die Fischer und Grün für die Bauern? Heute sind noch drei alteingesessene Fabrikanten im Baskenland übrig geblieben, die die Originalstoffe herstellen: Tissage Moutet, Ona Tiss und Lartigue 1910. Bei Letzterem kann man in Ascain oder Bidos bei der Produktion zuschauen und anschließend im Verkaufsraum dem Endprodukt vermutlich nicht widerstehen *(www.lartigue1910.com/fr/content/11-visitez-nos-ateliers)*.

Vielseitig einsetzbar: Linge basque aus grobem Leinen

Küste der tausend Freizeitvergnügen

Baden, Spielen oder Faulenzen am Strand bereitet Familien an der französischen Atlantikküste vielleicht das größte Vergnügen, aber auch jenseits der Strände kommt so schnell keine Langeweile auf.

URLAUBSKASSE – GENAUES INFORMIEREN LOHNT

Frankreich gehört bekanntlich nicht zu den billigsten Reiseländern. Auch wenn die Atlantikküste im Vergleich zur Côte d'Azur günstig ist, steigen die Preise hier in der sommerlichen Hochsaison. Familien erhalten aber oft Vergünstigungen beim Eintritt in Freizeitparks oder können beim Kauf von Citypässen für Bordeaux (S. 73) oder La Rochelle (S. 115) Geld sparen. Wie überall in Frankreich ist der Besuch von Museen für unter 26-Jährige eintrittsfrei. Das gemeinsame Essengehen ist ein beachtlicher Posten im Reisebudget. Alle Restaurants und Bistros, selbst an den Strandpromenaden, sind aber durchaus auf Familien eingestellt und bieten günstige Kindermenüs (»menu enfant«). Wer eine Unterkunft mit Küche angemietet hat, kommt natürlich billiger weg.

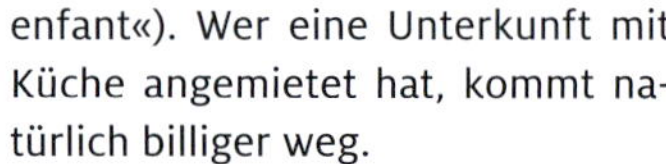

Entdeckungen jenseits der Strände …

ÜBERNACHTEN – HOCHSAISON MEIDEN

Wer an der Atlantikküste und in ihrem Hinterland unterwegs ist, sollte vor allem im Hochsommer eine Unterkunft reservieren. Gerade Familienzimmer sind, wenn sie überhaupt angeboten werden, sehr schnell ausgebucht. Auch lohnt die Überlegung, als Familie in einer »résidence«, die Appartements für Selbstversorger anbietet, oder in einem Ferienhaus unterzukommen (S. 182). Das Netz an großen Supermärkten, die meist bis nach 20 Uhr geöffnet sind, ist dicht, und

Am Strand von Lacanau-Océan sind Familien nie allein

gerade in den Sommermonaten, wenn halb Frankreich an der Atlantikküste Urlaub zu machen scheint, lockt eine Vielzahl von Wochenmärkten. Ein großer Vorteil der Anmietung von »gîtes«, wie die Ferienhäuser oder -wohnungen genannt werden, die von Einheimischen direkt angeboten werden, ist zweifellos der Kontakt zu den Franzosen. Die Sprachbarriere fällt hier meist sehr schnell.

STRANDFREUDEN

Die Auswahl an wunderschönen Stränden ist überwältigend, und der allergrößte Teil von ihnen ist zudem überwacht, zumindest in den Monaten Juli und August. Die längsten Sandstrände ziehen sich von Soulac-sur-Mer entlang der Côte d'Argent bis hinunter zur baskischen Küste. Die Strände fallen sehr flach in den Atlantik, und bei Ebbe zieht sich das Meer mehrere hundert Meter zurück. Die Strömungen sollte man nicht unterschätzen: Gerade an den Stränden, die als Surf-Hotspots bekannt sind, können sie selbst guten Schwimmern gefährlich werden. An bewachten, mit blauen Flaggen markierten Strandabschnitten (»plages surveillées«) zu baden, ist daher allgemein anzuraten. Flattert die grüne Flagge im Wind, ist das Baden ungefährlich, bei Orange wird es kritisch, und bei roter Beflaggung sollte man es sich eher an den Dünenrändern bequem machen. Wer mit kleinen Kindern ganz sichergehen möchte, wird an den Binnenseen, etwa an der Plage du lac Maguide oder in Mayotte am See von Biscarrosse, fündig. Nicht alle Atlantikstrände haben Duschen oder Liegestühle. Je abgelegener, desto spärlicher wird auch die Auswahl an Bars oder Bistros. An den leider immer etwas überlaufenen Hauptstränden von Les Sables-d'Olonnes, Lacanau-Océan, Biarritz oder St-Jean-de-Luz ist man besser versorgt.

AKTIV AN DER ATLANTIKKÜSTE

Aqualand Bassin d'Arcachon *Route des Lacs, Gujan-Mestras (am Ende der A660), www.aqualand.fr/bassin-d-arcachon, Mitte Juni–Mitte Sept. tgl. 10–18, Juli, Aug. bis 19 Uhr, 30 €, Kinder 22 € (5–10 J.), 12 € (3–4 J.).*

Einige Erwachsene halten es kaum für möglich, aber selbst wenn der längste feinsandige Strand vor der Tür liegt, können Kinder und Jugendliche sich für Aquaparks begeistern. Denn nur hier gibt es überdimensionale Rutschen, aber kein Salzwasser. Der größte Park dieser Art, Aqualand Bassin d'Arcachon, liegt südlich von Arcachon.

Wer kommt nicht irgendwann an der Küste auf die Idee, ein Surfbrett zu besteigen? An den baskischen Stränden, vor allem bei Biarritz, finden sich ausreichend Möglichkeiten, etwa in der Ecole de Surf Jo Moraiz (S. 161). Wer doch lieber Land unter den Füßen hat, setzt sich in ein »char à voile«, einen Strandsegler, und schießt über den festen Sandstrand Plage des Conches in Royan (S. 108). In den Landes wird auch Wasserski angeboten, dann aber natürlich nicht im Meer, sondern auf dem Binnensee bei Biscarrosse (S. 140).

KULTUR UND ABENTEUER

Auch an der Atlantikküste lässt das Wetter manchmal zu wünschen übrig und ein Alternativprogramm muss her. Lohnende Adressen sind dann das grandiose und weit über die Grenzen Aquitaniens hinaus bekannte Aquarium von La Rochelle (S. 119), eines der größ-

Wasserparks wie Aqualand zählen für Kinder zu den Highlights eines jeden Urlaubs

Der Erlebnispark Futuroscope ermöglicht Reisen in die Zukunft

ten Frankreichs, und die Cité de l'Océan in Biarritz (S. 161), wo man unter Einsatz von viel Technik in die Tiefe der Ozeane eintaucht. Ganz nah am Atlantik liegt Frankreichs größter Zoo, der Zoo de la Palmyre (S. 128). Von hier ist es auch nicht mehr weit zur Leuchtturmbesteigung, die bei Kindern enorm gut ankommt: Der Phare de la Coubre (S. 129) bietet schwindelerregende Ausblicke aufs Meer.

Die größten Publikumsmagneten sind aber eindeutig die beiden Freizeitparks Futuroscope und Puy du Fou (beide S. 98). Hier erlebt man Zukunftstechniken hautnah bzw. lässt sich vor originalgetreuen Kulissen in die Welt des Mittelalters versetzen. Da vergisst so manch einer die Badefreuden an den Atlantikstränden.

Leuchtende Augen

Franzosen sind begeisterte Outdoor-Sportler. Besonders beliebt sind die »accrobranche« genannten Hochseil- und Klettergärten wie im **Coolongalook Parc Aventure** nördlich von Royan. Dort geht's hoch hinauf, zum Teil bis in die obersten Baumwipfel. Immer bestens abgesichert, kann man seine Schwindelfreiheit testen, während der Weg auf Seilen, Planken oder durch Netze von Baum zu Baum führt. Ein Heidenspaß in der Natur, an dem auch die Kleinen (ab 1,20 m Körpergröße) teilnehmen können. Jugendliche reizt hier der Nervenkitzel, vor allem der extrem langen Seilrutschen.

9 Allée des chèvrefeuilles (Abzweig D733), www.coolongalook-parc-aventure.com, April–Juni Mi, Sa (frz. Osterferien tgl.) 13.30–16.30, Schließung 19 Uhr, Juli, Aug. tgl. 9.30–18, Schließung 20.30 Uhr, Sept.–1. Nov. Mi, Sa, So (frz. Herbstferien tgl.) 13.30–16.30, Schließung 19 Uhr, Preise je nach Parcours, Reservierung v.a. im Sommer ratsam

Ross und Rüstung machen noch keinen Ritter ...

»Ihr muss sich jede Wonne neigen ...«

Edle Ritter, schöne Frauen und doch kein Happy End – das ist der Stoff, aus dem Troubadour-Verse sind. Das Ideal der höfischen Liebe wurde erstmals im 12. Jh. am aquitanischen Herzogshof besungen.

Wir glauben, sie zu kennen, die mittelalterlichen Ritter, die hoch zu Ross auf Turnieren wacker mit Lanzen gegeneinander kämpfen, während die angebetete Hofdame die Geschicklichkeit ihres Helden von der Tribüne aus beobachtet. Oder aber wir stellen uns den galanten Ritter vor, der am Fuße der Burgmauer stehend süße Worte und Lieder zu seiner Favoritin hinauf säuselt, die hoch oben auf dem Balkon ihres Schlafgemachs verzückt lauscht. Historienromane und Hollywoodfilme haben dieses Bild des Ritters entworfen, und sicher ist nicht alles daran falsch. Der meist adlige Ritter hatte für Herzog oder König Waffendienst zu leisten. Für seinen Unterhalt sorgten währenddessen die Leibeigenen auf seinen Landgütern. Die prestigeträchtigste Freizeitunternehmung bestand für den Ritter darin, sich einem

Kreuzzug anzuschließen und für Gott und die Kirche in die Schlacht zu ziehen. Dass es dabei immer sehr brutal zuging, sorgte dafür, dass der Ritter später vor allem als Draufgänger und Kraftprotz dargestellt wurde. Doch die Realität war vielschichtiger.

NUR DIE LIEBE ZÄHLT

Wer wie die Ritter im Mittelalter der adligen Oberschicht angehörte, war (meistens) weitaus gebildeter als der Rest seiner Zeitgenossen und mit der Etikette des Hofes, dem er diente, vertraut. Am Hof von Herzog Wilhelm IX. von Aquitanien, einem der prächtigsten des 12. Jh., tauchten erstmals die Troubadoure auf, die Verse und Liedtexte als Huldigung an die hochgestellten Damen des Hofes verfassten. Heute sind knapp 200 namentlich bekannt, darunter Jaufré Rudel oder Cercamon. Sie »fanden« ihre Worte, daher der Name Troubadour, der sich vom okzitanischen Verb »trobar« für »finden« ableitet. Alles drehte sich dabei um die »amour courtois«, die höfische Liebe (Minne).

Die meisten Troubadoure beteten eine Dame an, die unerreichbar blieb, denn sie war die Gattin eines anderen, somit blieb die Liebe platonisch. Als tugendhaft wurde die Dame besungen und konnte es natürlich nur bleiben, wenn sie dem Werben des Troubadours nicht

Herzog Wilhelm IX.
»Ihr muss sich jede Wonne neigen / Die Macht ihr dienen weit und breit / Ob ihrer holden Freundlichkeit / Dem milden Blick auch, der ihr eigen / Lasst einen hundert Jahr erreichen / Sie sättigt ihn zu keiner Zeit ...«

Von Jaufré Rudel ist außer seinem Namen und einigen Versen nicht viel bekannt

Wohl keine Liebesheirat: Ludwig VII. und seine Gemahlin Eleonore von Aquitanien auf einem Holzstich von ca. 1850

nachgab. Doch Dichter wie Marcabru besangen in ihren »Pastourelles« auch amouröse Schäferstündchen, in denen der Ritter einer Hirtin in freier Natur begegnete. Und in der »Alba«, dem Tagelied, geizten die Troubadoure nicht mit pikanten Details einer gemeinsam verbrachten Nacht zweier Liebender nach der »Weiße« (Alba) des Morgengrauens.

GAB ES DEN »LIEBESHOF« DER ELEONORE VON AQUITANIEN?

Eigentlich erstaunlich, dass sich die Troubadoure der höfischen Liebe widmeten, denn gab es diese überhaupt? Zumindest die Liebesheirat dürfte im hohen Mittelalter eher eine Ausnahme gewesen sein, wurden Ehen doch aus politischem Kalkül und Machtgier geschlossen und die Frau zudem selten nach ihrer Meinung gefragt. Dennoch wurde am Hof der Eleonore (1122–1204) in Poitou freizügig über Liebe debattiert, auch wenn ihr sogenannter »Liebeshof« historisch nicht gesichert ist. Der Geistliche Andreas Capellanus, dessen um 1180 verfasstes Traktat »De Amore« (Von der Liebe) an Eleonores Hof sicher bekannt war, stellte fest: »Dass die Liebe ein Leiden ist, wird man leicht einsehen. Denn bevor die Liebe nicht von beiden Seiten in ein Gleichgewicht gebracht ist, gibt es keine schlimmere Beklemmung als diese: Der Liebende ist ja stets in Angst, dass seine Liebe nicht das erwünschte Ziel erreichen könnte und dass seine Anstrengungen vergeblich sind.« Liebesbeziehungen waren also auch schon im 12. Jh. äußerst kompliziert. Und die Troubadoure ließen es lieber dabei bewenden, über platonische Liebe nachzusinnen und daraus einen Sängerwettstreit zu machen. Wer es am besten konnte, gewann – fast wie bei einem Ritterturnier.

Der erste Troubadour, Herzog Wilhelm IX. (1071–1126)

Als er den Titel des Herzogs von Aquitanien und des Grafen von Poitiers von seinem Vater erbte, war Wilhelm gerade mal 15 Jahre alt. In den folgenden knapp 40 Jahren bis zu seinem Tod sollte er noch gehörig für Aufsehen sorgen. Er besaß mehr Land als der französische König, dessen treuer Vasall er war. Am Kreuzzug von 1101 beteiligte er sich mehr oder minder erfolgreich, zumindest überlebte er ihn. Seine erste Ehe blieb kinderlos und wurde annulliert, die zweite endete (für seine Frau) im Desaster: Wilhelm entführte einem seiner Vasallen die Gattin, die nicht nur wegen ihrer Schönheit die »Gefährliche« genannt wurde, und nahm sie sich zur offiziellen Geliebten. Zu allem Überfluss bereicherte er sich auch noch an Kirchenbesitz und wurde exkommuniziert, was ihn aber nicht daran hinderte, in Spanien erfolgreich gegen die Mauren zu kämpfen. Doch blieb bei so viel Hyperaktivität und lockeren Sitten noch Zeit für das Versedichten, das ihm den Titel des ersten Troubadours einbrachte? Ein anonymer Autor des 13. Jh. sah darin kein Problem: »Der Graf von Poitiers war einer der größten Edelleute auf dieser Welt und einer der größten Frauenbetrüger. Er war ein sehr wehrhafter Ritter. Er verstand es, gut zu dichten und zu singen und zog lange durch die Welt, um Frauen zu verführen.« Tatsächlich ging es an seinem Hof äußerst kultiviert zu. Wer sich anschickte, zum Ritter erhoben zu werden, hatte neben der Schulung an den Waffen auch die Unterweisung in guten Manieren zu absolvieren. Immerhin werden heute elf Minnegesänge in okzitanischer Sprache der Feder Wilhelms zugeschrieben, die aber nicht alle der höfischen Liebe allein gewidmet sind. Recht frivol prahlte der gute Wilhelm auch mal in Versform von seinen Liebeskünsten.

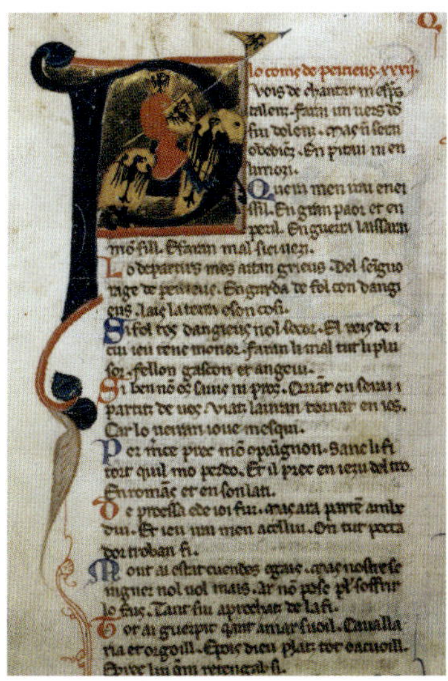

Wilhelm IX., Herzog von Aquitanien, hoch zu Ross auf einer französischen Buchmalerei aus dem 13. Jh. – elf Minnegesänge sind vom ersten Troubadour überliefert

Baukunst an frommen Wegen

Die Plakette mit der Jakobsmuschel taucht immer irgendwo vor den berühmtesten romanischen Kirchen im Hinterland der Atlantikküste auf, denn sie liegen alle an der Via Turonensis, einer der vier französischen Hauptrouten der Jakobspilger nach Santiago de Compostela.

AUF ACHSE FÜRS SEELENHEIL

Der eigentliche Jakobsweg verläuft jenseits der Pyrenäen als »Camino Francés« (französischer Weg) über eine Länge von immer noch 800 km seinem Ziel Santiago de Compostela in Galicien entgegen. Jakobspilger nutzen ihn seit Mitte des 11. Jh., und sein Name verrät, wer hier ursprünglich am häufigsten anzutreffen war. Aquitanien durchzieht die von Paris kommende Via Turonensis, benannt nach der Stadt Tours, einer ihrer Stationen. Noch in Frankreich vereint sie sich mit zwei weiteren Routen, bis sie schließlich auf spanischer Seite in den »französischen Weg« mündet.

Diesen ersten Massentourismus fürs Seelenheil hatte die Kirche organisiert, die auch die prächtigsten Gotteshäuser am Wegesrand erbaute. Hier wurden Reliquien verstorbener Heiliger aufbewahrt und zur Schau gestellt. Und hier ereigneten sich Wunder, die die erschöpften Pilger auf der Durchreise von der Allmacht der Kirche überzeugten und ihnen Opferspenden entlockten.

Pilger auf dem Jakobsweg

Das Jakobsbuch, auch Codex Calixtinus genannt, stammt aus dem 12. Jh.

RELIQUIEN IM ANGEBOT

Das Mittelalter war durchaus erfinderisch, wenn es darum ging, fromme Geschichten so zu erzählen, dass alle daran glaubten. Und so wird im Jakobsbuch, dem »Liber Sancti Jacobi« aus der Mitte des 12. Jh., ausführlich von Jakobus dem Älteren, einem der zwölf Apostel Jesu Christi, erzählt, der im Nordwesten Spaniens missioniert haben soll. Hingerichtet wurde er jedoch im fernen Palästina im Jahr 44. Seinen Leichnam verfrachteten Anhänger auf ein Schiff, das nach sieben Tagen in Galicien landete, wo der tote Apostel schließlich begraben wurde. Das Jakobsbuch weiß noch mehr zu berichten und beschreibt die Schlachten Karls des Großen im arabisch eroberten Spanien, zu denen ihn Jakobus in einer Traumvision aufgefordert haben soll. Welcher Zeitgenosse hätte da noch an der Heiligkeit des Jakobus zweifeln wollen? Das Buch liefert dazu zwei Dutzend Berichte von Wundern, die dem Heiligen zugeschrieben wurden und die Pilgern widerfahren waren. Dass das »Liber Sancti Jacobi« obendrein als Reiseführer die einzelnen Pilgerrouten in Frankreich ausführlich beschreibt, verwundert kaum noch. Tatsächlich war das angebliche Apostelgrab um 830 wiedergefunden worden, und fromme Propaganda brauchte noch etwa 100 Jahre, bis der Pilgerstrom nach Santiago einsetzte und den Ort im äußersten Westen Spaniens mit Rom und Jerusalem zu einem der Highlights christlich-europäischer Pilgerfahrt machte.

KIRCHEN WIE PERLEN AUF EINER SCHNUR

Der Weg zum Jakobusgrab war weit, beschwerlich und gefährlich. Doch das nahmen viele in Kauf, lockte im Mittelalter doch immerhin die Vorstellung, sich dadurch am Ende des Lebens beim Weltgericht von seinen Sünden befreien und auf ewiges Dasein im Himmel hoffen zu können. Doch wusste der Pilger tatsächlich, was ihm blühte, sollte er sein Leben als elender Sünder beenden? Um ihm dies vor Augen zu führen, hatte die Kirche vor allem in der Zeit der Romanik für Anschauungsmaterial gesorgt. Die aus Stein gemeißelten oder auf die Innenwände der Kirchen gemalten Bilder führten den Gläubigen, die meist nicht lesen konnten, den Schrecken vor. Die Darstellungen der Grauen einflößenden Ungeheuer und hässlichen Teufelsfratzen, die dem Sünder am Lebensende auflauern würden, verstanden sie sehr wohl.

Origineller Schmuck an der Kirche St. Pierre de la Tour in Aulnay

Wie Perlen auf einer Schnur reihen sich noch heute entlang der Via Turonensis die Kapellen oder Abteikirchen, die diese Kirchenpropaganda unmissverständlich betrieben. Sie alle waren Märtyrern, die ihr Leben als standfeste Christen hergegeben hatten, oder eben Aposteln geweiht. Was geschah, wenn die Laster Zorn, Wollust, Hochmut, Habgier, Götzendienst oder Zwietracht das Leben eines Menschen bestimmten? Die Tugenden Geduld, Keuschheit, Demut, Freigiebigkeit, Glaube und Eintracht trampelten sie erbarmungslos nieder. Bei ihren Darstellungen zeigten sich die unbekannten Bildhauer nicht zimperlich. Viele der oft seltsamen Schilderungen und Beschreibungen, die sich an den romanischen Fassaden, den Kapitellen und auf Fresken finden, können wir heute nicht mehr deuten, aber im Mittelalter wurden sie sicher verstanden. Doch die Kirche erhob nicht nur den moralischen Zeigefinger, sie musste auch gute Taten vollbringen. Hospize und Hospitäler, Herbergen für mittellose Pilger und Klöster, die freie Kost und Logis spendeten, sprossen wie Pilze aus dem aquitanischen Boden.

Ende des 16. Jh. hatte die Pilgerreise zum Apostelgrab bereits enorm an Bedeutung verloren, dennoch vergrub man die heiligen Gebeine aus Angst vor englischen Piraten. Es sollte 300 Jahre dauern, bis man sie wiederentdeckte. Die Pilgerreise nach Santiago kam wieder in

Schwung. Auch heutzutage machen sich immer mehr Menschen, vor allem zwischen April und Oktober, auf den Weg, häufig jedoch mit anderer Motivation. Dabei haben die romanischen Bauten am Wegesrand nichts von ihrer Faszination verloren.

Wo romanische Architektur am meisten beeindruckt

Heute erreichen die Fans romanischer Architektur die Kirchenbauten mit dem Auto wesentlich bequemer als die Pilger vor 800 Jahren, die hierfür lange Fußmärsche auf sich nehmen mussten. Mit Bewunderung aber steht man damals wie heute vor Notre-Dame-la-Grande in Poitiers (S. 95). An der hoch aufragenden Fassade, die wie eine Bühnenwand wirkt, illustrieren unzählige Figuren, die ursprünglich sogar farbig bemalt waren, die Heilsgeschichte.
In der Kirche St-Eutrope in Saintes (S. 131) ist es weniger das Bildprogramm, das fasziniert, als vielmehr die mystische Atmosphäre in der düsteren Krypta mit ihren massiven Pfeilern, die das Heiligengrab umstehen. Viel fröhlicher geht es am Südportal der Kirche St-Pierre in Aulnay (S. 135) zu. Hier wurden ein Harfe spielender Esel und zwei auf ihren Hinterläufen tanzende Vierbeiner aus dem Stein gemeißelt. Sie gehören zum damals bekannten Märchenschatz und sollten die müden Pilger sicher erheitern.

Notre-Dame-la-Grande in Poitiers ist ein Höhepunkt romanischer Baukunst

Bordeaux Fête le Vin – Hafenfront im Weinfieber

Der Hauptstadt des Weins fällt es nicht schwer, sich selbst zu feiern. Entlang seiner denkmalgeschützten Fassaden am Flussufer inszeniert Bordeaux in einem riesigen Volksfest seine stolze Vergangenheit (und Gegenwart) als wichtigste Weinhandelsstadt Europas. Und der Wein fließt dabei fast so schnell wie die Garonne.

Wonach riecht dieser Wein? Nach Ananas, Erdbeere oder doch eher nach feuchtem Moos oder Schwarzer Johannisbeere? Die École du Vin, die renommierte Schule des Weins in Bordeaux, hat interessierte Besucher des großen Weinfests Bordeaux Fête le Vin an ihren Stand gelockt und lässt diese erst einmal mit der Nase dicht über den Glasrändern die Aromen eines tiefroten Weins aus Pomerol inhalieren. Am Stand nebenan, wo Weinhändler aus dem Médoc hinter dem Tresen stehen, wird nicht lange gefackelt, sondern direkt verkostet. Je mehr vom edlen Roten die Kehlen der Festgäste hinunterfließt, desto ausschweifender und heiterer wird über Abgang, Tanningehalt und Alterungspotenzial gefachsimpelt. Dann steigt der Geräuschpegel auf der fast 2 km langen Festmeile am Ufer der Garonne. Weinbruderschaften defilieren in langen roten Roben, begleitet von Musikanten, an den »bars à vins éphémères«, den »vergänglichen Weinbars«, vorbei.

WEINFEST ALS EXPORTSCHLAGER

Schon seit 20 Jahren bauen über tausend Winzer aus dem berühmtesten Weinanbaugebiet der Welt ihre Stände für fünf Tage am Port de Lune, dem halbmondförmigen Flussufer der Garonne, mit seinen historischen Hafenkais auf. Da das Bordelais nicht nur für seinen exzellenten Wein, sondern

Seit 2018 bereichern Segelschiffe das Weinfest von Bordeaux

Die Festmeile am Ufer der Garonne ist fast 2 km lang

auch für seinen Geschäftssinn bekannt ist, feiern mittlerweile auch Québec und Hongkong ihr Fest mit Bordeauxweinen. Diese stammen aus St-Émilion, Pomerol, Margaux, Pauillac und weiteren Anbaugebieten an den Ufern von Gironde, Garonne und Dordogne.

TRADITION VERPFLICHTET

Auch wer der Versuchung, sich in allen Weinpavillons ein Glas zu genehmigen, widerstehen kann, langweilt sich nicht. Seit 2018 erstmals ein Dutzend historischer Großsegler anlegten und von einem begeisterten Publikum geentert wurden, gehören Segelschiffe und Weinproben unter Deck zum Programm künftiger Weinfeste. Beinahe immer schon mit dabei ist ein kurioser Sportclub aus dem legendären Weindorf Lussac-St-Émilion: Vor enthusiastisch klatschenden Passanten treten die »rouleurs de barriques« im Wettbewerb des Eichenfass-Rollens gegeneinander an. Heute eine kuriose Sportart, stammt das geschickte Hantieren mit Weinfässern noch aus der Zeit vor der Erfindung des Gabelstaplers. Und was wäre ein Volksfest ohne »feu d'artifice«? Tatsächlich steigt an jedem der fünf Abende ein spektakuläres Feuerwerk in den Nachthimmel über Bordeaux und vernebelt manch trinkfestem Besucher den Blick noch mehr.

Termine und Tickets

Bordeaux feiert den Wein alle zwei Jahre (2024, 2026 ...) an fünf Tagen Mitte Juni. Mit dem Kauf eines »Pass Dégustation« (21 €) erhält man ein Probierglas und sichert sich die Verkostung eines Glases Wein in jedem Pavillon. Die Nutzung öffentlicher Verkehrsmittel und Vorzugspreise bei Museumsbesuchen sind inkl. *www.bordeaux-fete-le-vin.com*

Mithilfe von Karl Martell siegten die Franken 732 bei Poitiers über die Araber

Spielball in der Geschichte Europas

Über das Meer kamen Freund und Feind. Mehr als einmal wurde Aquitanien zum Schauplatz von Kriegen. Heutzutage sind es eher die Naturgewalten, die dem Land am Meer etwas anhaben können.

SCHLACHT ZUR RETTUNG DES CHRISTENTUMS?

Oktober 732
In der Schlacht von Tours und Poitiers siegen die Franken unter Karl Martell mit Unterstützung von Langobarden und Sachsen gegen die Araber, deren Anführer Abd ar-Rahman fällt.

Warum waren die Kämpfer der Umayyaden-Armee im Herbst 732 so weit nach Norden vorgedrungen? Waren die Sarazenen unter Abd ar-Rahman an der Nordgrenze des damaligen Herzogtums Aquitanien wirklich auf die Eroberung des Frankenreichs und die Unterjochung der Christen aus? Schon zuvor waren sie von Spanien über die Pyrenäen kommend plündernd über Toulouse, Autun und Bordeaux hergefallen. Hatten sie jetzt womöglich die unermesslichen Schätze im Kloster des Heiligen Martin in Tours im Visier? Herzog Eudo von Aquitanien hatte sich von den Arabern schon einiges gefallen lassen müssen. Jetzt sollte ein für alle Mal Schluss damit sein. Im Bund mit dem streitbaren Karolinger Karl Martell rechnete man sich wohl reelle Chancen auf einen Sieg über die plündernden Araber aus. An einem Samstag im Oktober 732 wird an der alten Römerstraße zwischen Poitiers und Tours, der genaue Ort ist nicht bekannt, die Schlacht zugunsten der Franken entschieden: Die Araber zogen sich allmählich wieder über die Pyrenäen zurück. Die spätere Geschichtsschreibung feierte Karl Martel als Retter des christlichen Abendlandes, der die Islamisierung Europas stoppte. Doch ganz so entscheidend und weltpolitisch bedeutend war die Schlacht wohl nicht, urteilen heute viele Historiker.

ALS AQUITANIEN ENGLISCH SPRACH

Der Hundertjährige Krieg dauerte tatsächlich 116 Jahre und fand auf französischem Boden statt. Zwischen 1337 und 1453 bekämpften sich zwei Herrscherdynastien: Zwischen den englischen Plantagenets und den französischen Valois ging es dabei um nicht weniger als den französischen Thron. Der komplizierte Konflikt hatte eigentlich schon mit einer königlichen Hochzeit begonnen, die fast 200 Jahre zurücklag. Nach einer gescheiterten Ehe mit dem französischen König ließ die Herzogin Eleonore von Aquitanien sich 1152 mit dem Normannen Henri Plantagenet ein, der schon über einen Großteil des französischen Westens herrschte und bald als Heinrich II. zum König von England aufstieg. Seine neue Frau brachte das riesige Aquitanien mit in die Ehe, womit ihr Mann weite Teile des heutigen Frankreichs kontrollierte. In Bordeaux sprach man seitdem fast 300 Jahre lang Englisch. Die in Dynastien damals übliche Blutsverwandtschaft führte 1328 zum handfesten Streit um die Nachfolge auf dem französischen Thron. In der Schlacht von Maupertuis bei Poitiers geriet der französische König Johann II. in englische Gefangenschaft.

Das französische Königtum stand nach weiteren englischen Siegen beinahe vor dem Aus. Erst mit dem Auftauchen der Jeanne d'Arc an der Loire 1429 fuhr den Franzosen wieder Mut in die Knochen. Als die französische Krone schließlich 1453

Schützenhilfe
Der Schrecken der französischen Heere waren die englischen Langbogenschützen. Ohne sie hätten die Franzosen den Hundertjährigen Krieg vielleicht schon viel früher für sich entschieden.

Die Gräuel der Pariser Bartholomäusnacht 1572 fanden andernorts eine Fortsetzung

Bordeaux zurückeroberte, war der Krieg beendet. Manche böse Zungen behaupten aber, dass die Bourgeoisie von Bordeaux noch heute zum Shopping lieber nach London als nach Paris jettet.

MACHTKÄMPFE UNTER DEM DECKMANTEL DER RELIGION

Hugenottenkreuz *Dem Malteserkreuz entlehnt, gilt es als Symbol der französischen Protestanten. Die Kugeln erinnern an die bei der Verfolgung vergossenen Tränen.*

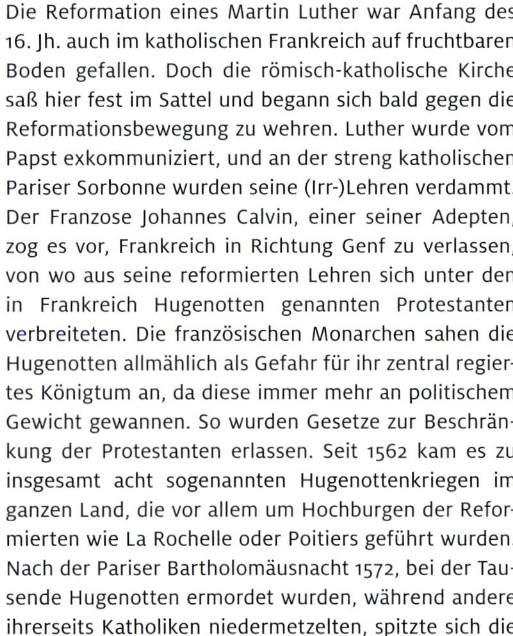

Die Reformation eines Martin Luther war Anfang des 16. Jh. auch im katholischen Frankreich auf fruchtbaren Boden gefallen. Doch die römisch-katholische Kirche saß hier fest im Sattel und begann sich bald gegen die Reformationsbewegung zu wehren. Luther wurde vom Papst exkommuniziert, und an der streng katholischen Pariser Sorbonne wurden seine (Irr-)Lehren verdammt. Der Franzose Johannes Calvin, einer seiner Adepten, zog es vor, Frankreich in Richtung Genf zu verlassen, von wo aus seine reformierten Lehren sich unter den in Frankreich Hugenotten genannten Protestanten verbreiteten. Die französischen Monarchen sahen die Hugenotten allmählich als Gefahr für ihr zentral regiertes Königtum an, da diese immer mehr an politischem Gewicht gewannen. So wurden Gesetze zur Beschränkung der Protestanten erlassen. Seit 1562 kam es zu insgesamt acht sogenannten Hugenottenkriegen im ganzen Land, die vor allem um Hochburgen der Reformierten wie La Rochelle oder Poitiers geführt wurden. Nach der Pariser Bartholomäusnacht 1572, bei der Tausende Hugenotten ermordet wurden, während andere ihrerseits Katholiken niedermetzelten, spitzte sich die

Lage immer weiter zu. Man einigte sich auf sogenannte Sicherheitsplätze, Städte wie La Rochelle, in denen die Hugenotten unbehelligt bleiben sollten, um die Situation zu entschärfen. Aber erst mit dem Edikt von Nantes, das der einstige Hugenottenführer und schließlich zum Katholizismus konvertierte König Heinrich IV. 1598 erließ, sollte zumindest für einige Jahrzehnte Ruhe einkehren, bis Ludwig XIV. es sich anders überlegte und die Vereinbarung 1685 endgültig widerrief.

Am Puls der Zeit

Küstenerosion, ein Problem mit Zukunft

Man könnte schon neidisch werden auf die Besitzer von Villen oder Appartements, die malerisch direkt an der Küstenlinie liegen, den Strand vor der Haustür und mit unverstelltem Blick bis zum fernen Horizont über der Weite des Atlantiks. Oder vielleicht doch nicht? Denn ihre Traumimmobilie ist akut gefährdet. Die Erosion der gesamten Atlantikküste schreitet unaufhaltsam voran und wird gerade nach argen Herbst- oder Winterstürmen immer bedrohlicher. Den zehn Millionen Touristen, die jedes Jahr die Traumstrände belagern, fällt es kaum auf, es sei denn, sie kommen jedes Jahr und verfolgen, dass sich das Meer in den letzten 20 Jahren tatsächlich um knapp 40 m den Ansiedlungen und Uferpromenaden genähert hat. Vor einigen Jahren mussten bereits die knapp 80 Wohnungen des zwischen 1965 und 1970 erbauten, vierstöckigen Wohnblocks Le Signal in Soulac-sur-Mer evakuiert werden. Am dramatischsten nagen Stürme und Atlantik aber an der Île d'Oléron. Bis zu 30 m Strand pro Jahr holt sich das Meer, damit hält die kleine Insel den traurigen Rekord in Europa. Der Klimawandel lässt sich nicht aufhalten. Leer stehende Villen, die in kommenden Jahrzehnten das Meer wegspülen wird, werden damit wohl bald zum Bild der herrlichen Atlantikküste gehören.

Sandsäcke sollen vor der Küstenerosion schützen, die durch Stürme besonders stark voranschreitet

Woran erinnert das Votivschiff in der Église St-Jean-Baptiste von St-Jean-de-Luz?

Église St-Jean-Baptiste im royalen Rampenlicht

Die Hochzeit König Ludwigs XIV. mit der spanischen Infantin Maria Teresa im Jahr 1660 in der Hauptkirche von St-Jean-de-Luz war ein politischer Akt, denn sechs Monate zuvor war der zwischen beiden Ländern geschlossene Pyrenäenfriede in Kraft getreten.

Von außen eher unscheinbar, entpuppt sich die Johannes dem Täufer gewidmete Kirche im Innern als prächtiger Kirchenbau mit einem 20 m hohen Tonnengewölbe. Dabei waren ihre Anfänge durchaus bescheiden. Aber vom ersten romanischen Gotteshaus, das die niedrigen Häuser im alten Fischerdorf St-Jean-de-Luz zwischen Küste und sumpfigem Hinterland überragte, ist nichts mehr übrig geblieben. Der spätere gotische Bau wurde ein Opfer der Verwüstungen, die der Hundertjährige Krieg oder spanische Invasoren ihm beibrachten. Anfang des 17. Jh. hatte sich St-Jean-de-Luz dann zu einem stattlichen Hafen mit 12 000 Einwohnern gemausert, der durch den Wal- und Kabeljaufang und den Handel mit den Antillen zu Wohlstand gelangt war. Höchste Zeit, die nach Bränden immer wieder ausgebesserte Kirche durch einen größeren Neubau zu ersetzen, in den nur wenige Elemente wie Teile der Südmauer oder der Glockenturm seines Vorgängers integriert wurden. Die Arbeiten starteten 1630 und waren weit fortgeschritten, aber eben noch lange nicht beendet, als die sensationelle Nachricht wie eine Bombe einschlug: Die wichtigste königliche Hochzeit des Jahrhunderts sollte in der Johanneskirche zelebriert werden. Die laufenden Bauarbeiten mussten daher versteckt werden. Hierzu wurden riesige Wandteppiche aufgehängt, auch um die Feierlichkeiten noch würdevoller zu gestalten.

EINE STADT STEHT KOPF

Am 9. Juni 1660 war es so weit. Der 22-jährige, gerade zum König aufgestiegene Ludwig XIV. und seine Braut, seine gleichaltrige Cousine Maria Teresa, Tochter des spanischen Königs und Habsburgers Philipp IV., waren wenige Tage zuvor in St-Jean-de-Luz eingetroffen, wo sie mit großem Gefolge unterschiedliche Stadtpalais bewohnten. Die künftige Marie-Thérèse sprach damals noch kein Wort Französisch. Für den Einzug zur Hochzeit war eigens ein großes Portal in die Südwand der Kirche gebrochen worden. Wenige Jahre später wurde diese Tür wieder zugemauert. Eine Plakette erinnert seitdem an die Eheschließung zwischen dem Bourbonen und der Habsburgerin, die mit ihrer Heirat alle Ansprüche auf den spanischen Thron verlor. Der seit 1635 andauernde Französisch-Spanische Krieg fand 1659 mit dem Pyrenäenvertrag und der royalen Vermählung ein Ende, und die Grenze zwischen beiden Nationen wurde endgültig am Gebirgskamm festgelegt. Die Kirche wurde von Ludwig XIV. aus Dankbarkeit reich beschenkt, etwa mit dem heute noch vor dem Unterbau des Altars hängenden perlenbestickten Vorhang. Er überlebte die Revolution, in der die Kirche erst als Lager für Viehfutter, dann als Militärhospital genutzt wurde. Für die Instandsetzung des barocken Pracht-Retabels und der fürs Baskenland typischen Holzgalerien an den Seitenwänden griff Mitte des 19. Jh. Kaiser Napoleon III. tief in die Tasche – Adel verpflichtet.

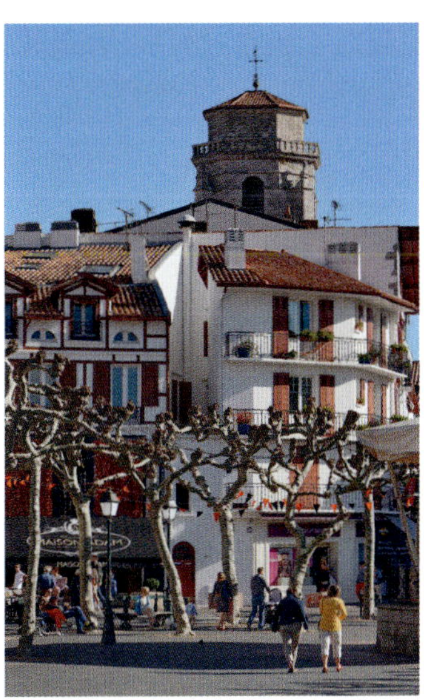

Noch immer überragt der Kirchturm von St-Jean-Baptiste den historischen Ort

Votivschiff »S.M. Impératrice Eugénie«

Legenden ranken sich um die im Mittelschiff aufgehängte Votivgabe. Stellt sie das Schiff dar, auf dem Napoleon III. und seine Frau Eugénie in den 1850er-Jahren nur knapp einem Untergang entgingen? Oder ist es das Geschenk eines Seemanns aus St-Jean-de-Luz, der auf diesem Schiff die Transatlantikroute befuhr?

Pottok, ein Pony auf Schmugglerpfaden

Einige Darstellungen auf steinzeitlichen Höhlenmalereien ähneln bereits dem Pottok, baskisch für »kleines Pferd« und eines der Symbole des Baskenlands. In den westlichen Pyrenäen diente es einst auch Schmugglern als Lasttier und Pfadfinder.

Wer in der Zahnradbahn sitzt, die sich gemächlich aufs Bergmassiv von La Rhune (S. 165) hinauf schlängelt, dem wird nicht nur der Blick aufs satte Grün der Farne und auf windgepeitschte Bäume geboten, sondern mit größter Wahrscheinlichkeit auch auf einige umherstreunende kleine baskische Pferde. Das Pottok (gesprochen Pottiok, Plural Pottokak) kann es an Größe und Statur nicht mit seinen Verwandten aufnehmen, etwa mit den hochgewachsenen Lipizzanern. Es ist mit seinen bescheidenen 1,30 m Schulterhöhe ein echtes Pony, das in die baskische Landschaft gehört wie die typischen weiß-roten Häuser mit ihren asymmetrischen Dächern. Sein Fell ist braun, schwarz oder auch gescheckt und sein recht kantiges Gesicht gerahmt von einer wilden, langen Mähne. Dort, wo die westlichen Pyrenäen allmählich zum Atlantik hin auslaufen, ist es zu Hause und hat sich perfekt an die Natur angepasst. Es kommt mit einem kargen Angebot an Futter aus, je höher es in den Bergen unterwegs ist, und auch der Schnee im Winter kann ihm wenig anhaben.

Klein, aber sehr robust: das baskische Pony

Georges Pompidou mit seinem »geschenkten Gaul«, 1969

VIELSEITIG EINSETZBAR

Seine Robustheit und geringe Größe bescherte dem Pottok den Einsatz in den Kohleminen, die an der französisch-spanischen Grenze im späten 19. Jh. ausgebeutet wurden. Zu schmächtig, um vor die schweren Pflüge auf den Feldern gespannt zu werden, konnte es unter Tage in den niedrigen, engen Stollen die Förderwagen mit Kohle ziehen. Aber das Pottok machte noch eine ganz andere Karriere, die man im Baskenland früher als »travail de la nuit« (Nachtarbeit) bezeichnete: Schmuggler transportierten alle möglichen Waren auf seinem Rücken über die Grenze. Als Schmugglernest galt das heute so pittoreske Dorf Sare. Von hier aus soll sogar ein in seine Einzelteile zerlegter Citroën 2CV, bekannt als Ente, auf dem Rücken der Ponys unentdeckt den Grenzstreifen überquert haben. Das Pottok ist seit 1969 offiziell als eigene Ponyrasse in Frankreich eingetragen, was der Bürgermeister von Sare auf den Weg brachte. Eine seiner Aktionen im Rahmen dieser Kampagne sorgte seinerzeit für Aufsehen: Er schenkte dem damaligen Staatspräsidenten Georges Pompidou ein pechschwarzes Pottok-Fohlen. Ob der Präsident wohl wusste, wozu die schlauen Ponys einmal dienten?

Parc Animalier Etxola

Der Andrang ist hier, wenige Kilometer südlich von Sare, in den Sommermonaten sehr groß. Stars des Tierparks sind jedoch weniger die Dromedare, Ziegen oder Lamas, sondern die Pottok-Ponys. Wer nicht mehr als 35 kg wiegt, darf auf ihnen reiten. Streicheln kann sie jeder!

Col de lizarrieta, route des grottes, 64310 Sare, Tel. 06 15 06 89 51, www.etxola-parc-animalier.com, Ende März–Juni u. Sept., Okt. tgl. 10–17, Juli, Aug. tgl. bis 18 Uhr, 5 €

Flusstäler und Weinberge immer im Blick

Wer die Großstadt Bordeaux verlässt, braucht nicht lange zu fahren, bis die vom Weinbau geprägten Landschaften ins Blickfeld rücken. Zwei breite Flüsse bestimmen das Bild, die Garonne und die Dordogne. Zwischen beiden liegt das Anbaugebiet Entre-deux-Mers mit seinen schier endlosen Reihen von Weinstöcken. Höhepunkt der Tour ist aber das sanfte Hügelland nördlich der Dordogne um St-Émilion.

Die Tour auf einen Blick:

Startpunkt: Bordeaux **Ziel:** St-Émilion
Gesamtlänge: 120 km
Reine Fahrzeit: 2 ½ Std. (Tagestour)
Orte entlang der Route: Bordeaux – Cadillac – St-Macaire – Château Malromé – Blasimon – Château de Pressac – St-Émilion

E1 VON BORDEAUX NACH CADILLAC

(35 km/45 Min.)

Einmal Bordeaux hinter sich gelassen, bestimmt die Garonne den weiteren Weg gen Südosten

So beeindruckend die eleganten Fassaden entlang der Garonne in der Innenstadt von Bordeaux auch sind, wir lassen sie für unsere Tagestour zunächst rechts an uns vorbeiziehen und verlassen allmählich Bordeaux

Von Bordeaux ist es nicht weit zum Wein ...

ADAC Traumstraße: Etappen 1 bis 5 (Detailplan siehe Rückseite Faltkarte)

Richtung Süden. Auf der Höhe des Bahnhofs St-Jean führt eine Brücke über den Fluss, aber wir nehmen erst die nächste und folgen dort der N230 (Richtung Paris) über die Garonne bis zur Ausfahrt Floirac. Dann führt uns die D10 durch kleine Dörfer und an Getreide- und Maisfeldern entlang nach Südosten. Unser erstes Etappenziel Cadillac ist bereits ausgeschildert. Bei Cambes taucht wieder die Garonne dicht rechts neben uns auf, ein kleiner Stopp am Ufer lässt die enorme Breite des Stroms erkennen. In Baurech lohnt unbedingt ein Blick in die kleine spätgotische Kirche, in deren drei Schiffe viel Licht einfällt. Bei Langoiran überspannt eine der wenigen alten Eisenbrücken den Fluss, aber wir bleiben auf der D10, bis wir Cadillac (S. 81) erreichen. Hier sollten wir Richtung Rathaus und Kirche nach links abbiegen, bis sich vor uns der herrschaftliche Eingang zum Château des ducs d'Épernon öffnet. Nach dem sehr lohnenden Besuch des Spätrenaissance-Palasts stellt sich vielleicht Hunger ein. Der Weg ins Restaurant L'Entrée Jardin ist dann nicht weit (27, avenue du Pont, Tel. 05 56 76 96 96, www.restaurant-entree-jardin.com).

Bunte Blätter
Im Herbst ist v. a. im Streckenabschnitt, der nördlich der Dordogne auf St-Émilion zuführt, die bunte Herbstfärbung der Weinstöcke berauschend schön.

E2 VON CADILLAC NACH ST-MACAIRE

(15 km/20 Min.)

An den Ufern der von Weinreben gesäumten Garonne lassen sich versteckte Schlösser und gotische Kirchen bestaunen

Cadillac ist berühmt für seine edelsüßen Weißweine, da hier durch die direkte Nachbarschaft zur Garonne ein besonderes Mikroklima herrscht. Bald ist unsere

Strecke von Weinstöcken gesäumt. Wer es genau wissen will, hält an am Château du Cros, einem der Weingüter südlich von Loupiac (www.chateauducros.com). Die Landschaft öffnet sich, je weiter wir auf St-Macaire zufahren. Linker Hand steigen sanfte Hügel an. Hinter ihnen liegt das Weinbaugebiet Entre-deux-Mers.

Die Porte de Benauge ist das Eingangstor zur Altstadt von St-Macaire

Wer in Cadillac keine Muße zum Mittagessen fand, lässt sich vielleicht von der Menükarte der Auberge Girondine am Ortsanfang von Ste-Croix-du-Mont überzeugen (www.aubergegirondine.com, Do–So mittags).

Über die D1113 erreichen wir St-Macaire (S. 82), wo sich vor dem Stadttor an der Place du Général de Gaulle gut parken lässt. Der Fußweg durch die Altstadtgassen führt durch die Rue Carnot zur Kirche St-Sauveur – unbedingt mit einem Halt auf der lang gestreckten Place Mercadiou mit ihren Arkaden. Der gewaltige Innenraum des romanischen Kirchenbaus beeindruckt genauso wie der herrliche Blick, der draußen von den Überresten des Kreuzgangs auf die nicht immer träge dahinfließende Garonne fällt.

E3 VON ST-MACAIRE NACH BLASIMON

(35 km/40 Min.)

Auf den Spuren von Henri de Toulouse-Lautrec, wo man ihn nicht erwartet hätte

Jetzt ändern wir unsere Fahrtrichtung, indem wir uns nach Nordosten orientieren. Auf dem Weg nach Blasimon verlassen wir St-Macaire hinter den Bahngleisen zunächst in Richtung Sauveterre-de-Guyenne über die D672. Hinter Le Pian-sur-Garonne zweigt eine kleine Straße nach links ab (D19E5 Richtung Verdelais), die uns zu einem Château führt, das mit der Produktion eines guten Weins, aber auch mit dem sehr jung verstorbenen Henri de Toulouse-Lautrec verbunden

Das Château Malromé war einst das Zuhause von Henri de Toulouse-Lautrec

ist. Der Künstler, dessen Karriere als Zeichner und Plakatmaler eng mit dem Pariser Rotlichtmilieu der Belle Époque verbunden ist, verbrachte seine Kindheit und die letzten Wochen vor seinem Tod auf Château Malromé, das seiner Mutter gehörte (www.malrome.com). Die Räume, in denen er lebte, wurden erst kürzlich von den aktuellen Besitzern zugänglich gemacht. Anschließend kehren wir zurück auf die D672 und fahren weiter Richtung Sauveterre-de-Guyenne, einer kleinen Bastide (S. 144), wo sich Kleinigkeiten für ein Picknick einkaufen lassen (Supermarkt am nördlichen Ortsausgang an der D670). Denn bald ist die einsam gelegene Abbaye de Saint-Maurice bei Blasimon erreicht, zu der die D17 und D127 führen. Hier gibt es Mauern unter Schatten spendenden Bäumen, wo ein Picknick vor romanischer Kulisse besonders gut schmeckt.

Abstecher
Auf dem kleinen Friedhof in Verdelais, 4 km südwestlich von Château Malromé (an der D19E6), liegt Henri de Toulouse-Lautrec begraben.

E4 VON BLASIMON NACH CHÂTEAU DE PRESSAC (25 km/30 Min.)

Auf den Hügeln nördlich der Dordogne reifen die vielleicht besten Weine des Bordelais

Die Garonne haben wir schon länger hinter uns gelassen und steuern jetzt auf die Dordogne zu. Von der Kirche von Blasimon aus nehmen wir die D127, dann aber bald die D127E3 (Richtung Rauzan) und gelangen südlich von Villesèque auf die D670 und weiter

Geschichtsträchtiger Ort an der Dordogne: Castillon-la-Bataille

nordwärts nach St-Jean-de-Blaignac. Hier wollen wir aber nicht die Dordogne überqueren, sondern folgen ihr nach Osten auf der D119. Sie schlängelt sich an Civrac-sur-Dordogne vorbei, bildet einige kleine Inseln aus, und erst bei Castillon-la-Bataille tauchen wieder Brücken auf. Wir nehmen die zweite und kommen direkt ins Zentrum mit der breiten Allée de la République. In einem der Cafés sitzend, könnte man jetzt weit zurück in die Geschichte schauen, denn im Frühjahr 732 schlugen die Mauren hier Herzog Eudo von Aquitanien, daher der Namenszusatz »la Bataille«, die Schlacht. Eudo zahlte es ihnen aber mithilfe von Karl Martell wieder heim (S. 44). Doch wir verlassen den historischen Ort und widmen uns lieber dem Wein. Dazu nehmen wir die D17 bis St-Genès-de-Castillon, biegen auf die D243 (Richtung St-Émilion) ab und sehen schon bald aus den unendlichen Reihen der Weinstöcke, die jetzt in Wellen der Landschaft folgen, das Château de Pressac hervorragen (an der D130). Wie auf einem Präsentierteller thront das neogotische Schloss auf einer Hügelkuppe und scheint seine Weinberge zu bewachen. Einer der besten roten St-Émilion-Weine wird hier produziert.

Die Weinstöcke um St-Émilion bringen ausgezeichnete Rotweine hervor

E5 VON CHÂTEAU DE PRESSAC NACH ST-ÉMILION (10 km/10 Min.)

Aufgereiht wie Perlen auf einer Schnur liegen die Weinschlösser am Weg, doch der Höhepunkt ist das pittoreske St-Émilion

Eingestimmt auf die kräftigen Rotweine der Gegend, machen wir uns jetzt auf den Weg in den Ort, nach dem sie benannt sind, St-Émilion (S. 78). An unzähligen Weingütern vorbei führt die D243 direkt an den nördlichen Ortsrand, wo man den Wagen abstellen sollte. Das mittelalterliche Städtchen, das auf einem Plateau über der Dordogne thront, will zu Fuß erobert werden, und der Gang durch die teils sehr steilen Gassen lohnt unbedingt. Das Angebot an Weinhandlungen ist überwältigend, aber die Preise sind es größtenteils auch. Gönnen Sie sich den Ausblick von einer Barterrasse direkt neben dem alten Kirchturm (Clocher) hinunter auf den Vorplatz der Église monolithe, der vermutlich im 11. Jh. aus dem Kalkstein herausgehauenen mehrschiffigen Felsenkirche.
Vielleicht mit einer Kiste des noblen St-Émilion im Gepäck starten wir zur Rückfahrt nach Bordeaux.

Zurück über Libourne
Auf dem Rückweg können Sie auch über Libourne fahren. Die Ende des 13. Jh. gegründete Bastide am Dordogne-Ufer besitzt einen Marktplatz mit Arkaden und neogotischem Rathaus.

Zurück zum Ausgangspunkt: Von St-Émilion über die D122 und D670 zunächst Richtung Libourne, daran südlich vorbei über die D1089 und anschließend auf die N89 in Richtung Bordeaux, wo man wieder auf die Rocade, die Ringautobahn, stößt (45 km/1 Std.).

Hotelempfehlungen:

Wenn Sie die Tour in Tagesetappen fahren, empfehlen wir folgende Hotels:

€€ | Château de Courtebotte
Kleines Landschloss aus dem 17. Jh. mit großem Schwimmbad und einigen geräumigen, unterschiedlich gestalteten Zimmern. Die Dordogne fließt gemächlich an der Straße vor der Gartenmauer entlang.
Courtebotte, 33420 St-Jean-de-Blaignac (an der D119), Tel. 05 57 84 61 61, www.chateaudecourtebotte.com

€€€ | Logis de la Cadène Man gönnt sich ja sonst nichts, da kann diese Perle unter den Luxusadressen für eine Nacht das Richtige sein. Große, sehr geschmackvolle Zimmer und Suiten mit Blick auf die Altstadt. Das Restaurant mit Michelin-Stern ist mittags sogar erschwinglich.
3, place du Marché au bois, 33330 St-Émilion, Tel. 05 57 24 71 40, www.logisdelacadene.fr

Unterwegs

Der Atlantikstrand der Île de Ré ist ein Paradies für Kitesurfer. Aber neben den Naturgewalten lassen sich an Frankreichs Küste auch Kultur und französischer Lebensstil genießen.

Das will ich erleben

Wer an die Atlantikküste denkt, sieht kilometerlange Sandstrände und schlanke Leuchttürme. Genau das bekommt man hier geboten, aber eben noch viel mehr. Neben imposanten Naturszenerien locken auch pittoreske Häfen, mächtige Festungsanlagen und originelle Freizeitparks. Ruhe findet, wer sich auf die Inseln zurückzieht oder in romanischen Kirchen die Seele baumeln lässt. Kunstfreunden stehen die Türen zu spannenden Museen offen und kulinarische Genüsse warten in bunten Markthallen, vielleicht begleitet von einem Glas Bordeaux.

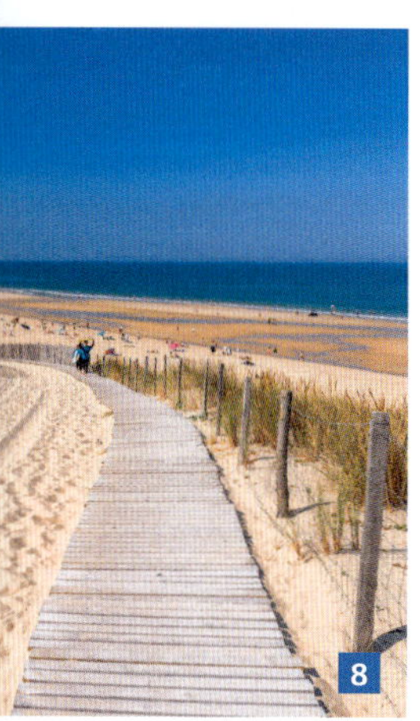

8

Sandstrände, so weit das Auge reicht

Für viele sind die kilometerlangen Sandstrände von Lacanau-Océan der Hauptgrund, den Urlaub an der Atlantikküste zu verbringen. Bei Hossegor, wo sich vor allem die Surfer tummeln, spürt man die Gischt der tosenden Brandung auf der Haut. An der goldgelben Plage des Conches hingegen lockt eher ein Sonnenbad.

8 Lacanau-Océan 86
Schon in der Belle Époque ein Mekka für Sonnenanbeter

19 Plage des Conches, Les Sables-d'Olonne 108
Naturbelassener Strand ohne Uferpromenade

42 Hossegor 150
Pures Strandfeeling: Sonne, Sand und smarte Surfer

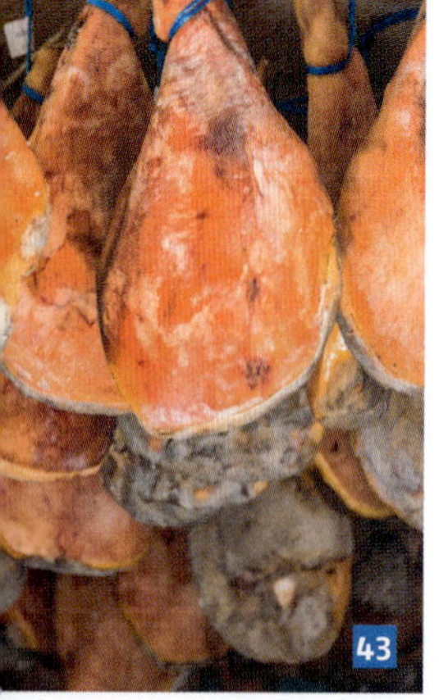

43

Einkaufsparadiese in Altstädten

In Bordeaux' Innenstadt wird jeder Schaufensterbummel zur Versuchung und im »goldenen Dreieck«, dem noblen Einkaufsviertel der Stadt, wird es ernst für die Kreditkarte. Bescheidener, aber mindestens ebenso verlockend sind die Auslagen in Bayonnes Altstadt, wo typisch Baskisches dominiert. In Biarritz muss man nicht sportlich sein, um den schrillen Surfer-Outfits zu erliegen.

1 Triangle d'Or, Bordeaux 70
Der Cours de l'Intendance – ein Shoppingtraum

43 Bayonne 154
Schinken und gewebte Stoffe aus dem Baskenland

44 Biarritz 158
Der letzte Schrei der Surfmode ist überall im Angebot

Spektakuläre Naturkulissen

Wenn man vor der Düne von Pilat steht, packt einen erst einmal die Angst. Bezwinge ich Europas höchste Wanderdüne? Natur pur verspricht die Fahrt in Barken auf dem Courant d'Huchet. Eine sanfte Brise weht von der Küste herauf, wenn sich die Zahnradbahn zu La Rhune hinaufschiebt und das Panorama immer spektakulärer wird.

6 Dune du Pilat 84
So gewaltig, dass man sie vom Flugzeug aus erkennt

41 Courant d'Huchet 149
Im Boot mit der Strömung gen Ozean treiben

47 Train de La Rhune, Ascain 165
Mit der Zahnradbahn aufs schroffe Bergmassiv

Hafenromantik hautnah

Seglerherzen schlagen höher bei der Einfahrt in den Hafen von La Rochelle. Malerische Atmosphäre erwartet sie an den Quais, während in St-Martin-de-Ré gediegenes Flair mit unzähligen Bistros fast für Mittelmeerfeeling sorgt. In St-Jean-de-Luz pulsiert das Hafenleben.

21 La Rochelle 114
Belebte Quais im Schatten mittelalterlicher Wachtürme

22 St-Martin-de-Ré, Île de Ré 120
Weit verzweigter Jachthafen mit Brücken wie in Venedig

45 St-Jean-de-Luz 162
Bars, Terrassen, Platanen und schaukelnde Segelschiffe

Beeindruckende Festungsanlagen

Nicht viele Besucher verirren sich in die Trutzburg des Fort Médoc, am Gironde-Ufer von Festungsbaumeister Vauban errichtet. Auf der anderen Flussseite ragt die gewaltige Zitadelle von Blaye auf. Die Handschrift Vaubans trägt auch die Festung Brouage, die er als vielzackigen Stern entwarf.

11 Fort Médoc 88
Mächtiges Bollwerk zur Verteidigung Bordeaux'

12 Citadelle de Blaye 89
Der imposante Bau flößte Feinden Furcht ein

25 Brouage 123
Auf dem Reißbrett entworfene Festungsstadt

Erholung in spannenden Freizeitparks

Hautnah erfahrbar werden Zukunftstechnologien im Futuroscope. Im Puy du Fou entführen aufwendige Kostümspektakel ins düstere Mittelalter, und in Marquèze scheint die Zeit in einem typischen Dorf der Landes im 19. Jh. stehen geblieben zu sein.

Kleine und große Inseln im Atlantik

Einst entdeckten die Mönche Inseln wie Noirmoutier oder Île de Ré für sich. Heute erobern Urlauber sie jeden Sommer. Kleine Eilande wie die Île d'Yeu oder die Île d'Aix faszinieren durch ihre Abgeschiedenheit.

Romanische Architektur vom Feinsten

In der Ruine von La Sauve-Majeure sieht man den Himmel statt des Gewölbes. In Poitiers lässt die romanische Bilderwelt von Notre-Dame-la-Grande staunen. Ste-Radegonde liegt harmonisch proportioniert am Ufer der Gironde.

Die Vielfalt der Kunstmuseen

Wider Erwarten hat die Atlantikküste auch Museen zu bieten: Bordeaux' Musée des Beaux-Arts mit Malerei oder das Musée du Nouveau Monde in La Rochelle zu alten Beziehungen zur (damals) Neuen Welt. Auf der Île d'Aix feiert ein winziges Museum Napoleons Stippvisite.

1

Kulinarik in historischen Markthallen

In Frankreich liegen die alten Markthallen meist mitten im Herzen der Stadt. Einst aus Backstein erbaut wie La Rochelles Marché central oder von Bäumen umgeben wie Les Halles in St-Jean-de-Luz, sind sie noch heute ein wichtiger Teil des Alltagslebens. Die Halles centrales in Les Sables-d'Olonne bestechen durch ihre Größe.

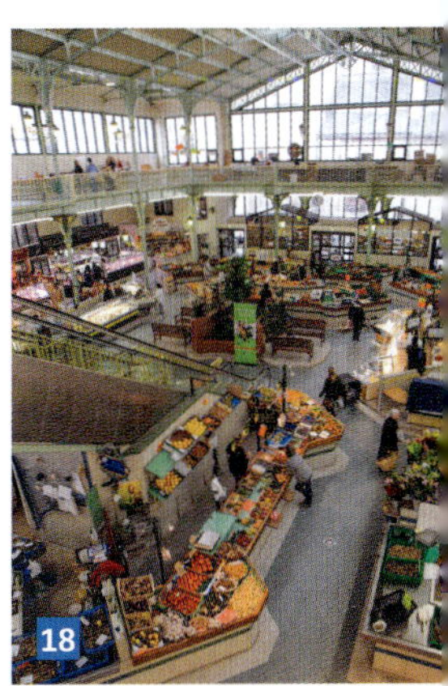
18

Die Welt der begehrtesten Weine

Bereits Winston Churchill und Thomas Mann wussten den kräftigen Bordeaux zu schätzen. Heute wird gehörig Kult um ihn getrieben, wie in der Cité du Vin in Bordeaux und kaum weniger auf Château Pessac bei St-Émilion oder im Médoc auf Château Pichon Baron.

1

Bordeaux und das Département Gironde

Von der Hauptstadt ist es nicht weit zu berühmten Weinlagen oder endlosen Sandstränden am Atlantik

Im Département Gironde, dem größten in Metropolitan-Frankreich, kann es keine andere Stadt an Attraktivität mit dem kulturell wie kulinarisch äußerst vielseitigen Bordeaux aufnehmen, an Größe allerdings auch nicht. Von der eleganten Stadt an der Garonne erstrecken sich die berühmten Weinbaugebiete nach Norden, Süden und Osten. In der umliegenden hügeligen Landschaft mit endlosen Reihen von Weinstöcken um St-Émilion oder im Gebiet Entre-deux-Mers zwischen den Flüssen Garonne und Dordogne liegen mittelalterliche Abteien und pittoreske Dörfer versteckt. Westlich von Bordeaux locken die kilometerlangen Sandstrände an der schnurgeraden Côte d'Argent. Hier geht es eher ums Baden oder Austernschlürfen am Bassin von Arcachon. Richtige Urlaubsstimmung kommt an Europas höchster Wanderdüne in Pilat auf.

In diesem Kapitel:

ADAC Top Tipps:

Bordeaux

| Stadtzentrum |

Die angesagte und pulsierende Metropole des französischen Südwestens gilt zu Recht als stolz auf ihre Rolle als Weinhauptstadt und ihre grandiose Hafenfront an der Garonne, die zu den schönsten Frankreichs gehört. 66

Dune du Pilat

| Naturschauspiel |

... und sie wandert langsam, aber sicher – die Dune du Pilat an der Atlantikküste bei Arcachon! Unaufhaltsam begräbt Europas größte Wanderdüne alles unter sich, was sich ihr in den Weg stellt. 84

Cap Ferret

| Halbinsel |

Die berühmte Landspitze an der »Silberküste« bietet den schönsten Blick auf die Austernbänke am Bassin von Arcachon und auf die Wanderdüne von Pilat. 84

ADAC Empfehlungen:

Cité du Vin, Bordeaux

| Kulturzentrum |

Das architektonische Flaggschiff widmet sich dem Wein, kein Wunder, verdankt(e) Bordeaux ihm doch den Reichtum als Handelsmetropole. 67

Bistrot Le 1544, Bordeaux

| Restaurant |

Was zählt hier mehr, der Ausblick oder das Essen? Beides ist in diesem Bistro an der Place de la Bourse vom Feinsten. 76

Arcachon

| Stadtzentrum |

Viel mondäner Glanz eines Seebades und noch mehr Erholung bei fast endlosen Strandspaziergängen. 82

Lacanau-Océan

| Strand |

Nach Süden oder nach Norden? Weiße Sandstrände, so weit das Auge reicht. 86

Château Lafite-Rothschild

| Weingut |

Mit dem Namen (und dem Können) verkauft sich der rote Médoc aus dem Hause Lafite-Rothschild nördlich von Pauillac fast von selbst – an finanzkräftige Kunden aus aller Welt. 88

Ville d'Hiver, Arcachon

| Hotel |

Für Nostalgiker: in der Oberstadt von Arcachon im historischen Ambiente eines Wasserwerks wohnen. 91

1 Bordeaux

Frankreichs eleganteste Stadt … nach Paris natürlich!

Im Miroir d'eau spiegelt sich der Palais de la Bourse der eleganten Stadt Bordeaux

Information

■ Office de Tourisme, 12, cours du 30 Juillet, 33080 Bordeaux, Tel. 05 56 00 66 00, www.bordeaux-tourismus.de

■ Parken: siehe S. 75

Bordeaux besticht durch Lebensqualität und die Nähe des Atlantik

Eine überzeugende Stadtsanierung mit der Restaurierung der prächtigen Uferfront entlang der Garonne brachte Bordeaux das Prädikat UNESCO-Weltkulturerbe ein. Große Teile der Altstadt mit klassischen Platzanlagen und Straßenzügen im Triangle d'Or (goldenen Dreieck) sind jetzt für Fußgänger reserviert. Bordeaux ist so zu einer eleganten Flaniermeile geworden. Die im 3. Jh. v. Chr. von Kelten gegründete Stadt, die die Römer später »Burdigala« nannten, entwickelte sich aufgrund ihrer strategisch günstigen Lage am Fluss über die Jahrhunderte zum wichtigsten französischen Hafen. Drei Jahrhunderte unter englischer Herrschaft sorgten für kräftige Gewinne im Handel mit Wein, als dessen Hauptstadt Bordeaux heute noch gilt. Mit der Cité du Vin hat sich die Stadt ein spektakuläres Wahrzeichen geschaffen. Doch auch das Mittelalter prägt weiter das Stadtbild. Mit imposanten

Plan
S. 68/69 

Stadttoren und zahllosen Kirchenbauten, unter denen die gotische Kathedrale St-André an Größe und Bedeutung herausragt. Für das leibliche und intellektuelle Wohl der Besucher sorgen eine große Auswahl an Restaurants, Bistros und Weinbars und die Dichte an erstklassigen Museen, deren reiche Sammlungen die Kunst- und Kulturgeschichte bis in unsere Zeit abdecken. Ein Bordeauxbesuch könnte im »Bauch von Bordeaux« beginnen, wie der Marché des Capucins in Anspielung auf Émile Zolas Roman »Der Bauch von Paris« (1873) genannt wird (place des Capucins, Di–Fr 6–13, Sa/So 5.30–14.30 Uhr).

 **Sehenswert**

 **Cité du Vin**

 | Kulturzentrum |

 *Hier feiert Bordeaux den Wein – und sich selbst*

Ein architektonisches Aushängeschild für die Welthauptstadt des Weins war schon lange überfällig. Seit 2016 streckt sich der glitzernde Bau schwungvoll bis in 50 m Höhe in den Himmel über dem Nordhafen. Die Formen und Materialien sollen an das Weinschwenken im Glas und Eichenholzfässer erinnern. Mit Audioguides entdecken die Besucher an 20 verschiedenen Themenstationen die Welt des Weins, bevor sie im Panoramabereich mit Blick über Bordeaux und das nahe Médoc mit einer Weinprobe belohnt werden.

■ 1, esplanade de Pontac (Tram B oder BatCub: Station Cité du Vin), Tel. 05 56 16 20 20, www.laciteduvin.com, Jan.–März tgl. 10–18, April–Aug. 10–19, Sept.–Dez. Mo–Fr 10–18, Sa, So 10–19 Uhr, 22–27 €, 6–17 J. 9–14 €, Audioguide inkl.

ADAC Mobil

Parc-Relais (P+R), im Deutschen unter Park+Ride bekannt, sind Parkhäuser oder -plätze, die unmittelbar an einer Tramstation liegen. Ein gekauftes Tramticket gilt später beim Verlassen des Parkhauses auch als Parkschein. Der Service der Parc-Relais ist nur während der Betriebszeit der Trams zugänglich, also ab ca. 5 Uhr morgens bis 1 Uhr nachts. *www.infotbm.com/fr/parc-relais*

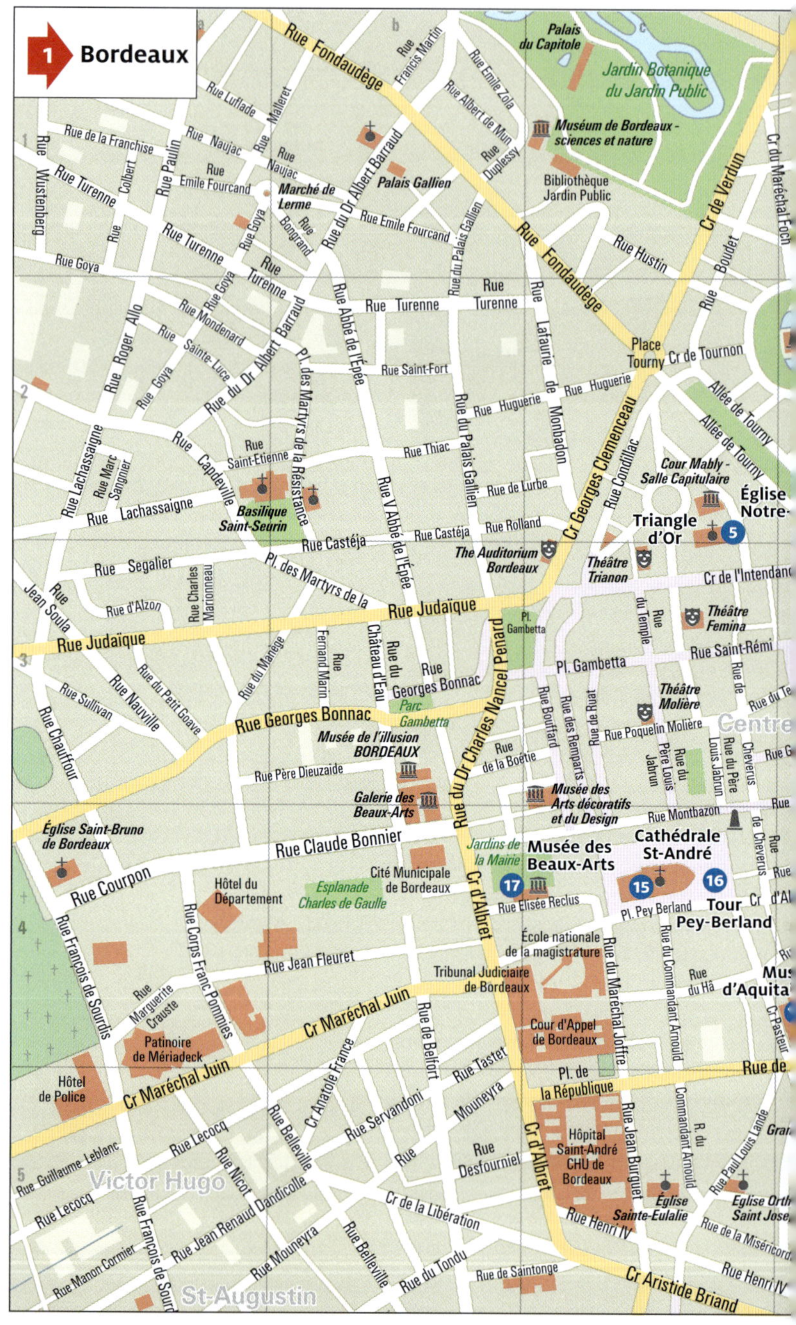

1 Bordeaux
Rue Fondaudège
Palais du Capitole
Jardin Botanique du Jardin Public
Muséum de Bordeaux - sciences et nature
Bibliothèque Jardin Public
Palais Gallien
Marché de Lerme
Cr de Verdun
Cr du Maréchal Foch
Place Tourny
Cr de Tournon
Allée de Tourny
Cour Mably - Salle Capitulaire
Église Notre-
Triangle d'Or
Basilique Saint-Seurin
The Auditorium Bordeaux
Théâtre Trianon
Cr de l'Intendance
Théâtre Femina
Rue Judaïque
Cr Georges Clemenceau
Pl. Gambetta
Parc Gambetta
Théâtre Molière
Centre
Rue Georges Bonnac
Musée de l'illusion BORDEAUX
Galerie des Beaux-Arts
Musée des Arts décoratifs et du Design
Rue du Dr Charles Nancel Penard
Église Saint-Bruno de Bordeaux
Rue Claude Bonnier
Jardins de la Mairie
Musée des Beaux-Arts
Cathédrale St-André
Tour Pey-Berland
Hôtel du Département
Esplanade Charles de Gaulle
Cité Municipale de Bordeaux
École nationale de la magistrature
Tribunal Judiciaire de Bordeaux
Cour d'Appel de Bordeaux
Patinoire de Mériadeck
Hôtel de Police
Cr Maréchal Juin
Pl. de la République
Hôpital Saint-André CHU de Bordeaux
Église Sainte-Eulalie
Église Orth Saint Jose
Victor Hugo
St-Augustin
Cr d'Albret
Cr Aristide Briand
Rue Henri IV
Cr de la Libération

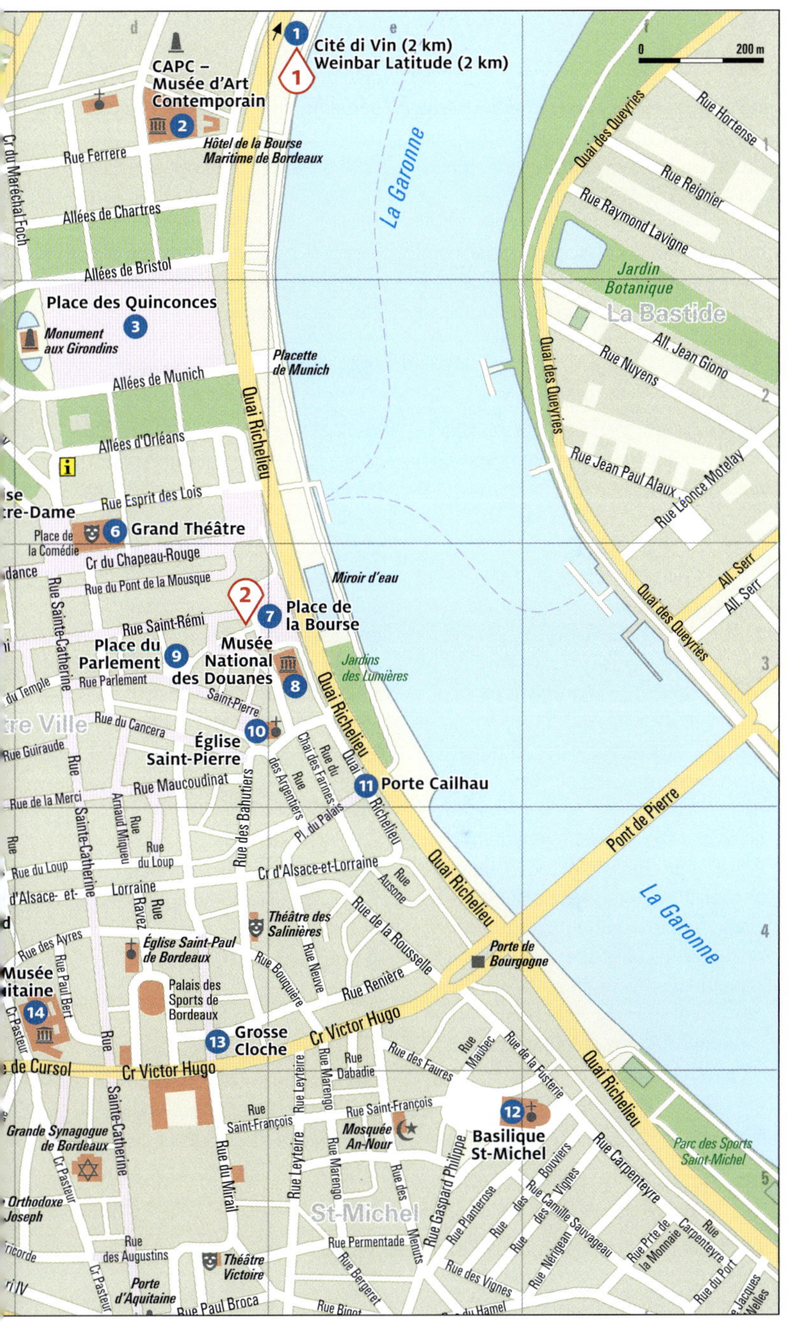
Cité di Vin (2 km)
Weinbar Latitude (2 km)
CAPC –
Musée d'Art
Contemporain
Hôtel de la Bourse
Maritime de Bordeaux
La Garonne
Rue Ferrere
Allées de Chartres
Allées de Bristol
Place des Quinconces
Monument
aux Girondins
Placette
de Munich
Allées de Munich
Quai Richelieu
Allées d'Orléans
Rue Esprit des Lois
Grand Théâtre
Place de
la Comédie
Cr du Chapeau-Rouge
Rue du Pont de la Mousque
Miroir d'eau
Place de
la Bourse
Rue Saint-Rémi
Place du
Parlement
Musée
National
des Douanes
Rue Parlement
Jardins
des Lumières
Rue du Cancera
Église
Saint-Pierre
Rue Maucoudinat
Porte Cailhau
Rue des Bahutiers
Cr d'Alsace-et-Lorraine
Rue de la Rousselle
Théâtre des
Salinières
Église Saint-Paul
de Bordeaux
Palais des
Sports de
Bordeaux
Porte de
Bourgogne
Pont de Pierre
La Garonne
Grosse
Cloche
Cr Victor Hugo
Rue Renière
Rue des Faures
Rue Saint-François
Mosquée
An-Nour
Basilique
St-Michel
St-Michel
Grande Synagogue
de Bordeaux
Théâtre
Victoire
Porte
d'Aquitaine
Rue Paul Broca
Rue Permentade
Rue des Vignes
Rue Carpenteyre
Parc des Sports
Saint-Michel
Quai des Queyries
Rue Hortense
Rue Reignier
Rue Raymond Lavigne
Jardin
Botanique
La Bastide
All. Jean Giono
Rue Nuyens
Rue Jean Paul Alaux
Rue Léonce Motelay
0
200 m

 Musée d'Art Contemporain (CAPC)

| Museum |

Dem Museum für zeitgenössische Kunst sieht man von außen durchaus nicht an, was sich in seinem Innern verbirgt. Die gewaltigen Bögen aus Backsteinen stammen aus dem 19. Jh. Damals war das Entrepôt Lainé noch Lagerhaus für exotische Kolonialwaren. Seit 1990 wird hier die städtische Sammlung mit Werken von Keith Haring, Christian Boltanski, Sol LeWitt, Daniel Buren oder Mario Merz gezeigt. Freunde von Land, Concept und Minimal Art oder Arte Povera kommen auch auf ihre Kosten.

■ 7, rue Ferrère, Tel. 05 56 00 81 50, www.capc-bordeaux.fr, Di, Do–So 11–18, Mi 11–20 Uhr, 8 €, erm. 4,50 €, mit Bordeaux Citypass, 1. So im Monat (außer Juli/Aug.) und unter 18 J. frei

 Place des Quinconces

| Platz |

Mit der Zerstörung einer mittelalterlichen Festung wurde ab 1820 Raum für den größten Platz in Frankreich geschaffen. Die in einem geometrischen Raster von fünf Punkten (Quincunx) angeordnete Baumbepflanzung bietet auch Freiflächen für Konzerte und Jahrmärkte. Blickfang aber bleibt das Monument aux Girondins, das an die in der Revolution hingerichteten Abgeordneten aus dem Département Gironde erinnert. Hoch oben auf der zentralen Säule triumphiert die bronzene Allegorie der Freiheit.

 Triangle d'Or

| Stadtviertel |

Die Place des Grands Hommes bildet den Mittelpunkt des Triangle d'Or, des goldenen Dreiecks, wie die Einwohner das Viertel nennen, das von Cours Clemenceau, Allées de Tourny und Cours de l'Intendance gerahmt wird. Die moderne Architektur aus Glas und Stahl in der Platzmitte stammt aus den 1990er-Jahren. Schicker geht es auf der Flanier- und Shoppingmeile Cours de l'Intendance zu. Die schmale Passage Sarget (Nr. 19), eine typische Einkaufsgalerie des 19. Jh., führt zur eleganten Place du Chapelet.

 Église Notre-Dame

| Kirche |

Vom einstigen Konvent der Dominikaner sind nur noch die Kirche Notre-Dame und der benachbarte Hof Cour Mably, in dem oft Konzerte stattfinden, übrig geblieben. Die barocke Kirchenfassade stammt aus der Zeit um 1700 und orientiert sich am großen Vorbild des Jesuitenordens in Rom, Il Gesù. Außen erkennt man Maria, die dem Hl. Dominikus den Rosenkranz (frz. »chapelet«, daher der Platzname) reicht.

■ 1, place du Chapelet

6 Grand Théâtre

| Theater |

In Bordeaux rühmt man sich, eines der schönsten Theater der Welt zu besit-

ADAC Mobil

In Bordeaux gibt es den sehr kostengünstigen **Fahrradverleih** »V³«. 2000 Mietfahrräder stehen an knapp 180 Stationen zur Verfügung. Der Service (Grundgebühr 1,70 € für 1 Tag, 7,70 € für 7 Tage) ist für kurze Ausleihzeiten gedacht. Die ersten 30 Min. sind kostenlos, danach 2 € für jede weitere Stunde. *www.vcub.fr*

Die Cité du Vin erschließt Besuchern die ganze Welt des Weins

zen. Eine mächtige Kolonnade mit zwölf korinthischen Säulen dient dem 1780 von dem Pariser Architekten Victor Louis errichteten Theaterbau, in dem Schauspiel, Musiktheater und Konzerte stattfinden, als prächtige Schauseite. Er verfügt über eine grandiose Akustik. Das Deckengemälde in der Kuppel des Zuschauerraums, die von einem tonnenschweren Kristallleuchter von 1917 erhellt wird, zeigt Apollon und seine Musen. Das prachtvolle Foyer inspirierte Charles Garnier beim Bau der Pariser Oper. Gegenüber dem Theater liegt das um 1800 erbaute Hôtel de Roly, in dem heute eine der Luxusherbergen von Bordeaux, das Grand Hotel, untergebracht ist.

■ Place de la Comédie, Tel. 05 56 00 85 95, www.opera-bordeaux.com, geführte Besichtigungen (Zeiten und Daten im Internet), Reservierung erforderlich, 10 €, unter 26 J. frei

7 Place de la Bourse

| Platz |

Die um 1735 angelegte Place de la Bourse gilt als Inbegriff der Eleganz des Klassizismus Pariser Prägung. Das Palais de la Bourse (rechts), das Hôtel des Fermes (links) und der schmale Mittelpavillon säumen den vom Hofarchitekt Ludwigs XV. Gabriel ersonnenen Königsplatz. Mitten auf der einstigen Place Royale stand bis zur Revolution ein bronzenes Reitestandbild des Königs. Der heutige Platz öffnet sich zum Fluss – ungewöhnlich für das 18. Jh., versteckten sich die Städte doch damals meist hinter Stadtmauern. Bordeaux hatte hiermit die erste offene Platzanlage Frankreichs erhfalten. Seit dem 19. Jh. tänzeln drei Grazien am zentralen Brunnen, doch seit 2006 stiehlt ihnen ein städtebauliches Bravourstück die Schau, der Miroir d'eau, der Wasserspiegel. Auf poliertem Untergrund aus Granit liegt eine glatte Wasserfläche von 2 cm Höhe, die sich alle 20 Minuten in einen faszinierenden Wassernebel verwandelt.

8 Musée National des Douanes

| Museum |

Hinter der eleganten Fassade des Hôtel des Fermes verbarg sich früher ein Finanzpachtamt. Mit dem von Colbert gegründeten Amt ließ sich fast die Hälfte aller Staatseinnahmen bestreiten. Im bedeutenden Hafen Bordeaux flossen die Gelder reichlich. Eine immense Halle im Innern diente zur Lagerung zu verzollender Güter. Seit 1984 widmet sich das Nationalmuseum der Geschichte der Zollerhebung und des Schmuggels seit der Antike. Gezeigt werden Möbel, Uniformen, Karten, Modelle, Skulpturen und auch Claude Monets 1882 gemaltes Bild »Zöllnerhütte«. Eine Petroleumlampe mit der Aufschrift »Achtung Zoll« erinnert daran, dass es in Europa einmal Zollgrenzen gab.

■ 1, place de la Bourse, Tel. 09 70 27 57 66, www.musee-douanes.fr, Di–So 10–18 Uhr, 4 €, erm. 2 €, mit Bordeaux Citypass, 1. So im Monat und unter 18 J. frei

9 Place du Parlement

| Platz |

Der heutige Platz wurde 1760 als Place du Marché Royal geschaffen. Später wurde er zum »Platz des Parlaments«, das, nachdem die Stadt den Engländern entrissen worden war, von 1451 bis zur Französischen Revolution in Bordeaux existierte. Heute wirkt die Platzanlage mit ihren eleganten Fassaden und gleichförmigen Balkongittern wie eine Theaterkulisse.

Straßenszene mit der mittelalterlichen Porte Cailhau im Hintergrund

Église St-Pierre

| Kirche |

An der Stelle der Petruskirche befand sich einst der gallo-römische Hafen des antiken Burdigala. Die Verehrung von Petrus, dem Schutzpatron der Schiffer, liegt daher nahe. Die Hafenfront wurde später verlegt. Vom Kirchenbau des 15. Jh. sind nur noch Fassade und Chor im Stil der Spätgotik erhalten geblieben. Vor allem die Chorpartie der Hallenkirche ist von Licht durchflutet.

■ Place St-Pierre

Porte Cailhau

| Wehrturm |

Die Porte Cailhau des 15. Jh. war einst einer der Haupteingänge in die Stadt und das Tor zum heute verschwundenen Palais de l'Ombrière, dem Regierungssitz des Herzogtums Guyenne, dessen Hauptstadt Bordeaux zur Zeit der englischen Herrschaft war. Eine weiße Marmorstatue Karls VIII., die in der Revolution zerstört und 1880 ersetzt wurde, steht in einer Nische. So war das Tor also auch eine Art Triumphbogen.

■ Place du Palais, April–Okt. 10–13, 14–18 Uhr, sonst nur an Wochenenden, freier Eintritt bis zur 1. Etage, Ausstellungsräume 5 €, erm. 3,50 €, mit Bordeaux Citypass und bis 12 J. frei

Basilique St-Michel

| Kirche |

Die Kapellen der Seitenschiffe der spätgotischen Kirche St-Michel wurden alle von Zünften finanziert. In der Kapelle des Hl. Jakobus werden sogar die Überreste eines Jakobspilgers verehrt, der den Weg bis nach Santiago de Compostela nicht mehr schaffte. Der eigentliche Star der Michaelskirche ist der von den Einwohnern »Flèche« genannte, separat vom Kirchenbau stehende, 114 m hohe Turm. Seine Krypta ist berühmt, denn hier lagen bis 1990 knapp achtzig perfekt erhaltene Mumien. Heute sind die Momies de Saint-Michel offiziell auf einem anderen Friedhof beigesetzt. Seit einigen Jahren zeigt ein 8-minütiger Film ihre Geschichte. Beliebt bei Besuchern ist auch der Aufstieg auf einen der höchsten Kirchtürme Südwestfrankreichs mit grandiosem Stadtpanorama.

■ Place Canteloup, La Flêche St-Michel, wegen Bauarbeiten geschl. bis voraussichtlich Ende 2026

ADAC Spartipp

Der **Bordeaux Citypass** bietet freien Eintritt u. a. ins Musée d'Aquitaine, ins Musée des Beaux Arts, ins Musée d'Art Contemporain oder ins Musée des Douanes (insgesamt sind 20 Sehenswürdigkeiten enthalten) und auch im Umland von Bordeaux wie z. B. in St-Émilion (Felsenkirche). Innerhalb von Bordeaux ermöglicht er zudem die freie Benutzung der Busse (außer Airport-Shuttle), Trams und Pendelboote (BatCub). Erhältlich für 1 Tag (34 €), 2 Tage (44 €) und 3 Tage (50 €) z. B. im Office de Tourisme oder im Internet.
www.bordeaux-tourismus.de

Grosse Cloche

| Glockenspiel |

Die Porte de St-Éloi, einst Glockenturm des Rathauses des 15. Jh., wird »Grosse Cloche«, »große Glocke« genannt. Die 1775 gegossene Glocke wiegt fast 8 t und misst 2 m in Höhe und Durchmesser. Sie wurde geläutet, um den Bewohnern der Stadt den Beginn der Weinernte zu verkünden oder auch vor Bränden zu warnen. Die Grosse Cloche ist derart eng mit Bordeaux verbunden, dass sie sogar im Stadtwappen erscheint. Ihr Klang ertönt jeden ersten Sonntag im Monat.

■ 1, rue St-James

14 Musée d'Aquitaine

| Museum |

Das Museum widmet sich der Geschichte Aquitaniens von der ersten Besiedlung vor 300 000 Jahren bis heute. Gezeigt werden etwa das vor 25 000 Jahren aus einem Kalkstein geschnittene Relief einer Schwangeren, die meisterhafte Bronze eines römischen Herkules oder das Scheingrab des in Bordeaux einst als Bürgermeister tätigen Humanisten Michel de Montaigne.

■ 20, cours Pasteur, www.musee-aquitaine-bordeaux.fr, Di–So 11–18 Uhr, 8 €, erm. 4,50 €, mit Bordeaux Citypass, 1. So im Monat (außer Juli/Aug.) und unter 18 J. frei

Die Cathédrale St-André stammt in Teilen aus dem 11. Jh.

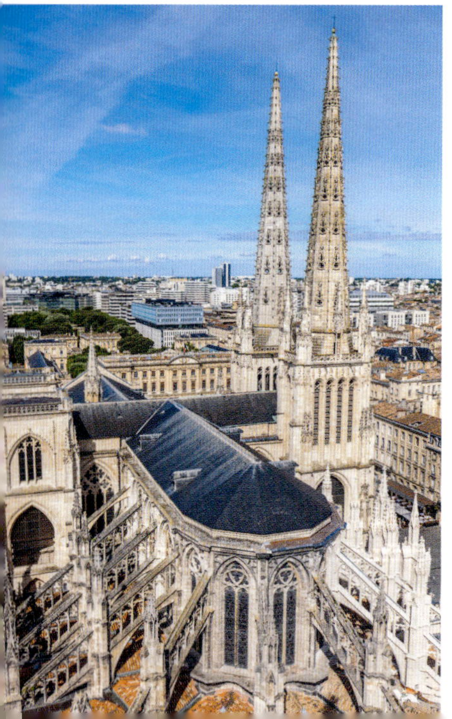

15 Cathédrale St-André

| Kirche |

Das Hauptportal von St-André liegt im Norden. In der Hochgotik des 14. Jh. entstanden, zeigt es Abendmahl und Himmelfahrt Christi. Doch die Kathedrale ist wesentlich älter, die Mauern des Langhauses stammen bereits aus dem 11. Jh. Ein weiteres, besonders schönes Portal von 1250 führt Christus als Weltenrichter vor. Durch diese »Porte Royale« schritten schon Franz I., Kaiser Karl V. und 1615 Anna von Österreich zu ihrer Hochzeit mit Ludwig XIII. Im Inneren betritt man ein einziges breites Kirchenschiff, Überrest des romanischen Vorgängers, in dem Eleonore von Aquitanien 1137 König Ludwig VII. von Frankreich heiratete.

■ Place Pey Berland

Tour Pey-Berland

| Aussichtsturm |

Wie auch bei St-Michel liegt der Turm der Kathedrale getrennt vom eigentlichen Kirchenbau. Benannt nach seinem Auftraggeber, dem Erzbischof Pey Berland, wurde der Grundstein 1440 gelegt. Seine ursprüngliche Spitze zerstörte ein Orkan im 18. Jh. Seit 1863 krönt eine vergoldete Marienstatue in 60 m Höhe den Turm. Eine Aussichtsplattform ist nach 233 Stufen erreicht und bietet eine herrliche Aussicht.

■ Place Pey-Berland, www.pey-berland.fr, Okt.–März Di–So 10–12.30, 14–17.30, sonst

Im Musée des Beaux-Arts sind Meisterwerke der europäischen Malerei zu bewundern

tgl. 10–18 Uhr, 6 €, erm. 5 €, mit Bordeaux Citypass, 1. So im Monat (Nov.–Mai) und unter 26 J. frei

 Musée des Beaux-Arts

| Museum |

Das Museum der Schönen Künste im Palais Rohan, das durch die Qualität seiner Sammlung zu den bedeutendsten, aber auch größten französischen Museen zählt, gründete Napoleon Bonaparte 1801. Bordeaux profitierte damals davon, dass Teile der staatlichen Sammlungen im Louvre auf 15 Museen in der Provinz verteilt wurden. Italienische Meister von Tizian und Veronese bis Caravaggio, flämische von Rubens bis van Dyck und natürlich französische Maler des 18. Jh. wie Chardin sind zu bestaunen. Auch das 19. und 20. Jh. mit Werken von Delacroix über Corot bis hin zu Renoir, Rodin, Bonnard und Picasso sind vertreten.

■ 20, cours d'Albret, Tel. 05 56 10 20 56, place du Colonel Raynal (Galerie des Beaux-Arts für Wechselausstellungen), Tel. 05 56 96 51 60, www.musba-bordeaux.fr., Mi–Mo 11–18 Uhr, 8 €, erm. 4,50 €, mit Bordeaux Citypass, 1. So im Monat (außer Juli/Aug.) und unter 26 J. frei

Verkehrsmittel

Katamaran Die Stadtsilhouette einmal von der Garonne aus zu betrachten erlauben die Katamarane »BAT3«, die von Quinconces oder Place de la Bourse aus die Cité du Vin in 20 Minuten ansteuern. Diese Boote fahren mindestens einmal pro Stunde. ■ Fahrpläne s. www.infotbm.com

Parken

Die zentrumsnächsten P+R-Plätze mit Tramanschluss sind Place Ravezies-le

Bouscat (allée de Boutot, Tram C), Stalingrad (rue Letellier, Tram A, Plan S. 68/69 südöstl. f3), Galin (rue Galin, Tram A) und Brandenburg (rue J. Brunet, Tram B).

Restaurants

2 **€€ | Bistrot Le 1544** Hinter den Fenstern einer weltberühmten Architektur mit Blick auf den Miroir d'eau zu speisen darf auch mal teurer sein. Es muss ja nicht gleich das Menu für 135 € im Sterne-Restaurant L'Observatoire (2. Etage) sein, im Bistrot auf der 1. Etage wird die Geldbörse geschont und trotzdem hervorragend gegessen. ■ 10, place de la Bourse, Tel. 05 56 30 00 80, www.bordeaux-gabriel.fr, tgl. 12–14.30, 19.30–22.30 Uhr, Plan S. 68/69 d3

€€ | Le Noailles In diese klassische Brasserie gehen Stammkunden wegen des Choucroute (Sauerkraut) oder für das Omelett mit Steinpilzen oder Trüffeln. ■ 12, allées Tourny, Tel. 05 56 81 94 45, www.lenoailles.fr, tgl. 9–23, Brasserie 12–15 und 19–23 Uhr, Plan S. 68/69 c2

€€€ | Le quatrième mur Fast jeder Franzose kennt Chefkoch Philippe Etchebest aus dem Fernsehen, wo er gescheiterte Köche berät … hier in seiner Brasserie im Theater zeigt er, was er kann, aber das noble Ambiente will bezahlt sein. ■ 2, place de la Comédie, Tel. 05 56 02 49 70, www.quatrieme-mur.com, mittags ab 12 und abends ab 19 Uhr, Plan S. 68/69 d2

Einkaufen

Latitude 20 Die Weinbar führt nicht nur einheimische Weine, sondern auch solche aus beinahe 70 anderen Ländern zu gerade noch akzeptablen Preisen.

Die Brasserie Noailles verbreitet bereits seit 1932 Pariser Flair im Triangle d'Or

Im Blickpunkt

Bordeaux: der Welt teuerste Weinlagen

Das Anbaugebiet der drei typischen roten Rebsorten Cabernet-Sauvignon, Merlot und Cabernet Franc ist flach und im Gegensatz etwa zu den Steillagen des Moseltals sind hier die Trauben (der Merlot dominiert mit über 60 %) leicht zu ernten. Dennoch wird die Weinlese im Bordelais maschinell und in großem Stil betrieben, schließlich produziert das Gebiet in guten Jahren bis zu 900 Mio. Flaschen. Nur 20 % davon sind Weißweine der Sauvignon-Blanc-Traube. Die Weingüter dürfen sich hier vollmundig »Château« nennen, auch wenn bei Weitem nicht jedes wie ein Schloss aussieht. Einige dieser Châteaux sind so berühmt und die Qualität ihrer Weine wird so hoch bewertet, dass etwa eine Flasche Lafite-Rothschild des Jahrgangs 2009 mehr als 1500 € kostet. Bordeaux-Weine sind zu Anlageobjekten geworden und werden wie Aktien gehandelt. Die Besitzer renommierter Weingüter lassen sich aus Prestigegründen ihre Weinkeller von weltweit gefeierten Architekten wie Christian de Portzamparc (Cheval Blanc) oder Jean Nouvel (Château La Dominique) gestalten.

■ 5, esplanade de Pontac, (Erdgeschoss der Cité du vin) Mo–Fr 10.30–18.30, Sa/So bis 19.30 Uhr, Plan S. 68/69 nordöstl. e1

Kneipen, Bars und Clubs

I. Boat Angesagte Ausgehadresse auf einem im Hafen vertäuten Schiff. Club, Bar, Snackbar, dazu Konzerte und Tanzen bis in den frühen Morgen. ■ Cours Henri Brunet (Bassin a flot n°1 nahe Cité du Vin), Tel. 05 56 10 48 35, www.iboat.eu, Konzerte 19–23, Club 23–6 Uhr, Plan S. 68/69 nordöstl. c1

La Dame Die schickere Variante des I. Boat mit Bar und Food direkt auf dem Quai. Sehen und Gesehenwerden. ■ Cours Henri Brunet (Bassin à flot n°1 nahe Cité du Vin), Mi–Sa 18–1, So ab 14 Uhr, Plan S. 68/69 nordöstl. c1

La Plage In der größten, z. T. unter freiem Himmel betriebenen Diskothek der Stadt fällt die Wahl schwer: Auf 7000 m² kann in acht Clubs getanzt werden. ■ 40, quai du Paludate (hinter den Gleisanlagen der Gare St-Jean), Tel. 05 56 84 89 23, 0–6 Uhr, Plan S. 68/69 südöstl. f5

Le Point Rouge Angesagte Wein- und Cocktailbar in der auch gegessen werden kann. Eher schickes Ambiente in einem alten Palais. ■ 1, Quai de Paludate, Tel. 05 56 94 94 40, www.pointrouge-bdx.com, Plan S. 68/69 südlich f5 (unweit Gare St-Jean)

ADAC Mittendrin

Alle zwei Jahre immer Ende Mai feiert Bordeaux sich selbst und seinen Fluss. Unter dem Titel **Bordeaux Fête le Fleuve** startet dann ein Volksfest mit Konzerten, Regatten, dem Defilee der Segeljachten und einem großen Feuerwerk am letzten Abend des einwöchigen Spektakels entlang der Ufer der Garonne. *www.bordeaux-fete-le-fleuve.com, wieder in 2025*

2 St-Émilion

Wo einst ein Eremit unterschlüpfte, wachsen heute weltberühmte Reben

Information

■ Le Doyenné – Place des Créneaux, 33330 Saint-Émilion, Tel. 05 57 55 28 28, www.saint-emilion-tourisme.com

Die herrliche Lage des Städtchens auf einem sonnenbeschienenen Kalkplateau über der Dordogne scheint nicht nur die Qualität des hiesigen Weines, sondern auch den Tourismus zu fördern. Im 8. Jh. zog es den Eremiten Emilian an diesen Ort, um sich hier eine Klause in den Kalkuntergrund zu graben. Gläubige setzten seine Arbeit später fort und schlugen eine ganze Kirche aus dem Fels. Der Ort wurde zunächst nur von Mönchen bewohnt, doch der Weinbau war hier bereits seit der Römerzeit bekannt. Die Tradition hat sich bis heute fortgesetzt, immerhin gehören die Appellationen von St-Émilion zu den renommiertesten des Bordelais.

Sehenswert

Église monolithe

| Kirche |

Diese vom 11. bis 13. Jh. aus dem Kalkfelsen geschlagene und somit zum Großteil unterirdische Kirche ist einzigartig in Europa. Hinein gelangt man durch ein gotisches Portal, dahinter zweigen in der Eingangshöhle Katakomben ab, in denen die Toten in Nischengräbern bestattet wurden. Ganz anders dimensioniert ist die eigentliche Kirche. Der fast 40 m lange und 12 m hohe dreischiffige Raum war einst ausgemalt, wovon nur wenig erhalten ist. Gotische Maßwerkfenster sorgen für Tageslicht. Im Rahmen einer Führung betritt man auch die Grotte des Einsiedlers Emilian, der hier von einer wundersamen Quelle getrunken haben soll.

■ Geführte Besichtigung ab place de l'Église monolithe, 15 €, 12–17 J. 8 €

Église Collégiale

| Kirche |

Die Kollegiatskirche beherrscht durch ihre Größe das Bild von St-Émilion. Hiermit wollte der Augustinerorden seine Macht ausdrücken. Das einschiffige Langhaus aus dem 12. Jh. überwölben mehrere Kuppeln. Querhaus und Chor wurden in der Gotik lichtdurchflutet gestaltet und Bildhauer zeigten damals am Nordportal ihr Können. Leider ist das Weltgericht stark beschädigt worden. Lohnend ist der Weg in den Kreuzgang mit seinen kleinen, schlanken Doppelsäulen.

■ Place Pioceau oder place Pierre Meyrat

Parken

Das Parken in der Altstadt ist so gut wie aussichtslos. Der größte Parkplatz (gra-

Gefällt Ihnen das?

Dann sollten Sie auch in die **Grottes de Matata** (S. 130) hinabsteigen und sich von der Wohnqualität dort überzeugen oder Sie erkunden die Unterwelt des edlen **Château Lafite-Rothschild** (S. 88), denn hier erwartet sie der vom berühmten Architekten Riccardo Bofill entworfene kreisrunde Weinkeller.

tis) befindet sich bei der Gendarmerie (Espace Gaudet) an der D 122 am nördlichen Kreisverkehr.

Kneipen, Bars und Clubs

Chai Pascal »Chai« bedeutet Weinlager und bei Pascal trifft dies auch zu. Das Angebot in seiner »bar à vins« ist groß und auch der kleine Appetit zum Glas Wein kann gestillt werden. ■ 37, rue Guadet, Tel. 05 57 24 52 45, www.chai-pascal.com, tgl. 11–23 Uhr

Wandern

Nur 10 km südlich von St-Émilion liegt Sainte-Terre an der Dordogne. Eine kurze Rundwanderung (6,5 km) am Flussufer bietet sich an. Einige Weinberge säumen den Weg (Infos im Office de Tourisme von St-Émilion).

In der Umgebung

Château de Pressac

| Weingut |

Die Geschichte des östlich von St-Émilion auf einem Hügel gelegenen Weinguts mit 36 Hektar Anbaufläche reicht bis ins Mittelalter zurück. Erste Weinstöcke wurden im 18. Jh. gepflanzt: Auxerrois- und Malbec-Trauben. Heute dominieren Merlot, Cabernet Franc und Cabernet Sauvignon. Auch das mittelalterliche Schloss veränderte im 19. Jh. sein Aussehen völlig. Der als Grand Cru bewertete St-Émilion-Wein, den die Familie Quenin hier seit 1997 herstellt, lässt sich bis zu 30 Jahre lagern.

■ Saint-Etienne-de-Lisse (D 243 oder D 130), Tel. 05 57 40 18 02, www.chateaudepressac.com, Besuch mit Weinprobe (ab 25 €) nur nach Voranmeldung (Internet)

Blick auf St-Émilion mit der Église monolithe im Hintergrund

Weinreben des renommierten Weinguts Château de Pressac

Château Faugères

| Weingut |

Wie sich die Welt des Weines in einem der berühmtesten Anbaugebiete dreht, lässt sich bestens im Château Faugères erfahren. Der aktuelle Schweizer Besitzer, der millionenschwere Unternehmer und Weinliebhaber Silvio Denz, hat das Weingut 2005 erstanden und den Architekten Mario Botta mit dem Bau einer »Weinkathedrale« inmitten seiner Weinberge beauftragt, ganz dem Renommee der Grands Crus Classés des Hauses entsprechend.

■ Saint-Etienne-de-Lisse (D 130), Tel. 0557 403499, www.vignobles-silvio-denz.com/de/propriete/chateau-faugeres, Besuch mit Weinprobe (Mo–Fr 9.30–12, 14–17 Uhr) nach Voranmeldung per E-Mail

Abbaye St-Maurice de Blasimon

| Abtei |

Von der Benediktinerabtei steht heute nur noch die Kirche, und ein Wachturm, der Teil einer Umfassungsmauer war, hat die Zeit ebenfalls überdauert. Die Fassade der Abteikirche mit einem Glockengiebel aus dem 16. Jh. ist reich verziert. Um 1170 gestalteten romanische Bildhauer die sechs Bögen des Portals und die Kapitelle darunter. Im äußeren Bogen und an den Kapitellen sieht man Menschen und Tiere in Jagdszenen. Berühmt sind die großen Skulpturen im innersten Bogen, die Engel darstellen. In dritten Bogen ist der Kampf der Tugenden gegen die Laster zu sehen.

■ An der Einmündung der D 127 in die D 17, etwa 22 km südwestl. von St-Émilion

Abbaye de la Sauve-Majeure

| Abtei |

Die Benediktinerabtei lag in einem »silva major«, Lateinisch für »großer Wald«, und eben der umfängt sie noch heute. Sie gehört zu den imposantesten Ruinen Frankreichs. Gras wächst zwischen den Kirchenschiffen und wo einst der Kreuzgang lag, rankt heute Efeu die Säulenstümpfe empor, doch die früheren Dimensionen der Kirche sind noch gut nachvollziehbar. Der achteckige Glockenturm mit seinen gotischen Öffnungen ragt immer noch stolz in die Höhe. Eine schmale Wendeltreppe führt hinauf. Besonders sehenswert sind auch die heute Wind und Wetter ausgesetzten Kapitelle. Die meisten von ihnen befinden sich in den fünf Chorkapellen und zeigen Akrobaten, Löwen oder Sirenen mit Fischkörpern und den detailliert dargestellten Sündenfall.

■ 23 km südwestlich von St-Émilion, südlich der Dordogne, 14, rue de l'abbaye, 33670 La Sauve, Tel. 05 56 23 01 55, www.abbaye-la-sauve-majeure.fr, Okt.–Mai Di–So 10.30–13, 14–17.30, Juni–Sept. 10–13.15, 14–18 Uhr, 6 €, erm. 5 €, mit Bordeaux Citypass, unter 26 J. frei

3 Cadillac

Hier wurde Franzosen und Hochwassern der Garonne widerstanden

Information

■ Office de Tourisme, 2, rue du Cros, 33410 Cadillac, Tel. 05 56 62 12 92, www.destination-garonne.com

Seit 1280 verstecken sich die Bewohner der Bastide von Cadillac hinter hohen Mauern. Als die Engländer den Landstrich regierten, sollte hier den feindlichen französischen Truppen ein Bollwerk entgegengesetzt werden. Doch auch die Hochwasser der Garonne bedrohten den Ort immer wieder. Davon zeugen noch heute die im südlichen, flussnahen Stadttor Porte de la Mer auf der Wand markierten Hochwasserstände von damals. Inzwischen ist es aber vor allem die mächtige Schlossanlage, die Besucher anlockt.

Sehenswert

Château des ducs d'Épernon

| Schloss |

Auf einem Kalkplateau besetzt das Schloss des Herzogs von Épernon seit 1634 den Platz eines mittelalterlichen Vorgängerbaus. Vermutet wird, dass es Heinrich IV. war, der den Herzog dazu ermutigte, sich ein Schloss im Stil des Königsschlosses in Fontainebleau zu erbauen. Wie dort herrscht auch hier strenge Symmetrie und die Innenräume schmücken bemalte Balkendecken »à la française« und monumentale Marmorkamine. Das Schloss diente später und noch bis 1928 als Frauengefängnis.

Das Château des ducs d'Épernon in Cadillac, das einst als Frauengefängnis diente

■ 4, place de la Libération, Tel. 05 56 62 69 58, www.chateau-cadillac.fr, Okt.–Mai Di–So 10–12.30, 14–17.30, Juni–Sept. 10–13.15, 14–18 Uhr, 6 €, erm. 5 €, mit Bordeaux Citypass, unter 26 J. frei

4 St-Macaire

Von der abgeschiedenen Einsiedelei zum florierenden Flusshafen

Information

■ Office de Tourisme, 8, rue du Canton, 33490 St-Macaire, Tel. 05 56 63 68 00, www.tourisme-sud-gironde.com

Der hl. Mönch Macarios soll hier Ende des 4. Jh. als Eremit gelebt haben, um das Christentum zu verbreiten. Später folgte eine Klostergründung im schon zu Römerzeiten florierenden kleinen Flusshafen an der Garonne. Vom Kloster steht heute noch die sehenswerte Kirche St-Saveur. Der kleine Marktplatz mit seinen Arkadengängen zeugt vom Wohlstand des Ortes, obwohl der Fluss im 18. Jh. seinen Lauf änderte und den Hafen damit weiter weg lag.

Sehenswert

Église St-Sauveur

| Kirche |

Der strenge Kirchenbau besitzt nur ein Schiff, dafür einen ungewöhnlichen Chor, den drei gleich große Apsiden kennzeichnen, angeordnet wie ein Kleeblatt. Die Gewölbe wurden im 13. Jh. vollständig mit Malereien bedeckt, die im 19. Jh. wenig sensibel restauriert wurden. Sie zeigen das Leben des Evangelisten Johannes und die Christusfigur aus der Apokalypse.

■ 9, place de l'Église

5 Arcachon

Einst Tummelplatz der Aristokraten, heute Strand der Großstädter

Information

■ Office de Tourisme, Esplanade Georges Pompidou, 22, Boulevard du Général Leclerc, 33120 Arcachon, Tel. 05 57 52 97 97, www.arcachon.com/de

Der nahe Ozean und ein mildes Klima verhalfen dem 1857 gegründeten Arcachon zu seinem Ruf als mondänem Badeort. Vor allem die »Ville d'Été«, die »Sommerstadt« mit ihren Stränden, aber auch die höher gelegenen Quartiers der »Ville d'Hiver«, der »Winterstadt« mit ihren prachtvollen Villen, sind heute noch im Stadtbild erkennbar. Vom Observatoire oder vom maurischen Park aus lassen sich die Stadt und das Binnenmeer bis hinüber zum Cap Ferret bequem überblicken. Heute beherbergt das 1853 im Stil der Renaissance erbaute Château Deganne das für Küstenstädte obligatorische Casino.

ADAC Mittendrin

Wo sonst sollte man frische **Austern** probieren, wenn nicht direkt beim Züchter (frz. »ostréiculteur«)? Und natürlich in der Hochburg der französischen Austernzucht, in Arcachon, z. B. im Familienbetrieb **La Cabane de l'Aiguillon**. Garantiert rutschen sie besser mit einem Glas trockenem Weißwein (boulevard Pierre Loti, Tel. 05 56 54 88 20, Mitte April–Sept. Di–Sa 11–16, Juli/Aug. bis 21, So 9–13 Uhr). *www.lacabanedelaiguillon.com*

Im Château Deganne im Stil der Neorenaissance befindet sich heute das Casino

Sehenswert

Observatoire de Ste-Cécile

| Aussichtspunkt |

Eine Wendeltreppe führt hinauf zur Plattform des 1863 unter Mithilfe Gustave Eiffels konzipierten Observatoriums aus Metall, dessen filigrane Bauweise schon so manchem Orkan standgehalten hat. Aus 25 m Höhe fällt der Blick auf die Dachlandschaften der schönsten Ferienvillen der letzten beiden Jahrhunderte.

■ Passerelle Saint-Paul, passage de l'Observatoire, 8–22 Uhr

Parc Mauresque

| Park |

Die elegante »Ville d'Hiver« dehnt sich auf einer Anhöhe um den sogenannten maurischen Park aus. Hier stand einst das 1863 aufwendig im maurischen Stil erbaute erste Casino der Stadt, das 1977 einem Brand zum Opfer fiel. Schicke Villen, neogotisch oder auch vom Kolonialstil inspiriert, wurden hier im Schatten der Pinien errichtet und sind durch kurvenreiche Alleen miteinander verbunden, die halfen, die nicht selten kräftigen Winde zu brechen.

Verkehrsmittel

Bahn Eine stressfreie Alternative zum Auto, um nach Arcachon zu gelangen, stellt die Bahn dar. Etwa halbstündig verkehren Züge ab Bordeaux-St-Jean (Fahrdauer ca. 50 Min.)

Parken

Hier bietet sich der große Parkplatz am Bahnhof (Gare) an. Von dort ist man in wenigen Minuten am Strand.

■ 47, boulevard du General Leclerc

Restaurants

€ | Le Café de la Plage – Chez Pierre Es muss nicht das große Meeresfrüchte-Plateau sein, aber mit Blick auf Strand und Landungssteg schmeckt genau das sicher am besten.

■ 1, boulevard Veyrier Montagnère, Tel. 05 56 22 52 94, www.cafedelaplage.com, tgl. 12–15, 19–22.30 Uhr

€€ | Le Kraken Der skurrile Name sollte nicht abschrecken, denn hier kocht ein eingespieltes Paar mit Passion, Neugier und frischesten Zutaten.

■ 55, boulevard de la Plage, Tel. 05 56 22 66 18, Mo–Sa

Casinos

1853 als Privatschloss für Adalbert Deganne errichtet, wurde der Prachtbau 1903 zum Casino. Nach der Zerstörung des berühmten maurischen Casinos ist das Château Deganne heute das einzige der Stadt.

■ 163, boulevard de la Plage, Tel. 05 56 83 41 44, www.casinoarcachon.com

6 Dune du Pilat

Dieser Gigant einer Sanddüne muss erklommen werden

■ www.dunedupilat.com/deutsch

Auf fast 3 km bäumt sie sich längs der Küstenlinie auf. Die Natur hat für Europas größte Wanderdüne 60 Mio. m^3 Sand aufgehäuft. Sie hat bereits die Hundertmetermarke an Höhe überschritten, doch Wind und Wetter nagen stetig an ihr. Den Aufstieg erleichtern hölzerne Treppenstufen und wer einmal auf dem Höhengrat der Düne angekommen ist und zum Meer auf der anderen Seite hinunterschaut, wird Sylt künftig mit anderen Augen sehen. Den Abstieg wählt jeder nach seiner Fasson. Sehr beliebt ist es, auf dem Hinterteil hinunterzurutschen.

7 Cap Ferret

Grandioser Endpunkt eines der schönsten Strände der Küste

Information

■ Office de Tourisme, 1, avenue du Géneral de Gaulle, 33950 Lège-Cap Ferret, Tel. 05 56 03 94 49, www.lege-capferret.com

Im 19. Jh. waren es zunächst nur Fischer, die ärmliche Hütten auf der Halbinsel errichteten. Einige Zöllner, Förster und natürlich die Wärter des 1840 erbauten Leuchtturms gesellten sich dazu. Erst unter Napoleon III. sollte die Einrichtung von Austernzuchten die Besiedlung des Cap Ferret in Gang bringen. Der aufkommende Badetourismus erreichte das Cap damals nur per Schiff, eine Straße existiert erst seit 1930. Heute sind es vor allem Ferienvillenbesitzer aus Bordeaux, die von hier aus den atemberaubenden Blick auf die Düne von Pilat genießen.

Sehenswert

Phare du Cap Ferret

| Leuchtturm |

Der 1840 erbaute und 50 m hohe Leuchtturm sendet sein Signal bis zu 50 km weit. Die deutschen Besatzer integrierten ihn in den Atlantikwall. Beim

Ein Blick von oben macht die Dimension der Dune du Pilat besonders deutlich

Rückzug in einer Augustnacht 1944 sprengten sie ihn. Heute können Besucher ganzjährig die 258 Stufen des 1949 neu errichteten Turms hinaufsteigen, um den Ausblick zu genießen.

■ 4, promenade Tour du Phare, Tel. 05 57 70 33 30, www.phareducapferret.com, Juli/Aug. 10–19.30, April–Juni und Sept. 10–12.30 und 14–18.30, Okt.–März Mi–So 14–17 Uhr, 7 €, 4–12 J. 4 €

Verkehrsmittel

Boot Der Weg mit dem eigenen Auto von Arcachon aufs Cap Ferret ist weit (70 km). Aber es fahren täglich Boote in knapp 30 Minuten vom zentralen Bootsanleger (Jetée Thiers) in Arcachon zum Cap Ferret ■ Hin und zurück 18 €, 4–12 J. 14 €, saisonale Fahrpläne einsehbar unter www.bateliers-arcachon.com/navettes/arcachon-cap-ferret

8 Lacanau-Océan

Beliebter Badeort für Sonnenanbeter und Wasserratten

Information

■ Office de Tourisme, place de l'Europe, 33680 Lacanau, Tel. 05 56 03 21 01, www.medoc-atlantique.com, www.lacanauocean.com

Die Zeiten, in denen hier Geld mit Harzgewinnung oder Fischfang verdient wurde, sind längst Vergangenheit. Ende des 19. Jh. konnte die Anpflanzung von Bäumen die Küstenlinie stabilisieren und die Versandung des Hinterlands aufhalten, sodass dem Tourismus nichts mehr im Wege stand. Es etablierte sich ein kleines Seebad der Belle Epoque, das seit den 1950er-

Sonnenuntergang in Lacanau-Océan – ein Paradies für Surfer und Badegäste

Jahren zum Ferienziel des Massentourismus mutierte. Von einer Zubetonierung des Küstenstreifens blieb der Ort glücklicherweise verschont.

9 Soulac-sur-Mer

Der Ort war schon bei mittelalterlichen Jakobspilgern bekannt

Information

■ Relais océanesque, 68, rue de la Plage, 33780 Soulac-sur-Mer, Tel. 05 56 09 86 61, www.medoc-atlantique.com

Charakteristisch für Soulac sind seine kleinen Häuser aus roten Ziegelsteinen. Im 12. Jh. machten viele Jakobspilger an der Benediktinerabtei von Soulac Halt. Hier galt es das vermeintliche Grab der Hl. Veronica zu verehren. Die romanische Kirche Notre-Dame-de-la-Fin-des-Terres blieb als einziger Überrest des Klosters erhalten. Erst im 19. Jh. kehrte das Leben wieder zurück und 1874 erreichte die Eisenbahn Soulac und mit ihr der Badetourismus.

Sehenswert

Notre-Dame-de-la-Fin-des-Terres
| Kirche |
Die Größe der romanischen Kirche ist dem Ansturm von Jakobspilgern zu verdanken. Bald schon schien die Versandung des Ortes einzusetzen und so wurde der Kirchenbau seit dem 16. Jh. seinem Schicksal überlassen. Der aus dem Sand ragende Turm diente Seeleuten lange als Orientierungspunkt. Erst im 19. Jh. beschloss die Gemeinde, die Kirche wieder zugänglich zu machen. Der Bau wurde regelrecht aus dem Sand ausgegraben, was sich leicht an der Außenfassade des Chores ablesen lässt. Hier stecken nach wie vor die unteren Mauerteile im Sandboden.

■ Rue Gallieni

ADAC Mobil

Es besteht eine **Autofährverbindung** zwischen Royan und Verdon-sur-Mer an der Spitze des Médoc. Auf dem Landweg wären hierfür über 200 km zurückzulegen. Im Sommer werden bis zu 18 Überfahrten tgl. angeboten. Die Fahrt (ca. 30 Min.) kostet ab 37 € für den Pkw und 5/2 € pro Erw./Kind. Tagesaktuelle Fahrpläne unter: *www.gironde.fr/deplacements/les-bacs-girondins-ferries*

10 Pauillac

Die Drehscheibe für den Weinanbau im Médoc gibt sich bescheiden

Information

■ Maison du tourisme et du vin, La Verrerie, 33250 Pauillac, Tel. 05 56 59 03 08, www.medocvignoble.com/degustation/maison-du-tourisme-et-du-vin-de-pauillac

Zentrum des Weinanbaus im Médoc und ruhiger Flusshafen an der Gironde: das macht Pauillac aus. Nördlich von Pauillac liegen an der Route du Vin (D 2) einige der nobelsten Weinadressen wie das Château Lafite-Rothschild.

Restaurants

€ | Café Lavinal Gehobene Bistroküche im Ambiente der 1930er-Jahre mit herausragender Weinkarte. Kein Wunder, denn der Besitzerfamilie gehört auch das renommierte Château Lynch-Bages.

■ Passage du Desquet, Tel. 05 57 75 00 09, www.jmcazes.com/fr/cafe-lavinal, tgl. 12–13.45, 19–20.45 Uhr

In der Umgebung

Château Lafite-Rothschild

| Weingut |

Einmal eintauchen in die Welt der teuren Kultweine

Die Epoche der Rothschilds begann auf diesem Weingut im 19. Jh. Doch bereits im 13. Jh. tauchte der Name Lafite auf. Seit dem 17. Jh. produziert man hier Spitzenweine. Heute führt Éric de Rothschild das Unternehmen, das auf 103 Hektar Weinstöcke kultiviert und einen runden Weinkeller besitzt, den Stararchitekt Riccardo Bofill 1987 entwarf. Die hier lagernden 2200 Fässer mit Premier Grand Cru Classé reifen somit in edlem Ambiente.

Aus diesem Hause stammen Spitzenweine: Château Lafite-Rothschild

■ An der D 2 nördlich von Pauillac, Tel. 05 56 59 26 83, www.lafite.com, Führung und Weinprobe nach Anmeldung (visites@lafite.com)

Château Pichon Baron

| Weingut |

Die Geschichte dieses Châteaus begann im 17. Jh. Der von Baron Raoul Pichon de Longueville produzierte Wein wurde auf der Weltausstellung 1855 mit dem Prädikat Deuxième Grand Cru Classé geadelt. Er trägt es bis heute. Das herrschaftliche Schloss im Neorenaissancestil thront bereits seit 1851 inmitten der 73 Hektar Rebflächen und schmückt auch einige Flaschenetiketten.

■ An der D 2 südlich von Pauillac, Tel. 05 56 73 17 17, www.pichonbaron.com, Führung und Weinprobe nach Anmeldung, ab 20 €

11 Fort Médoc

Achtung, feindliche Schiffe – auch von hier aus wurde Bordeaux verteidigt

Information

■ Route du Fort Médoc, 33460 Cussac Fort Médoc, Tel. 05 56 58 98 40, www.cussac-fort-medoc.fr, Feb./März und Nov. 13–17, April und Okt. 10–18, Mai–Sept. 10–19 Uhr, 4 €, 5–12 J. 1 €, 13–17 J. 3 €

Das Fort, das für 300 Soldaten Platz bot, ist einer von drei Bausteinen einer Verteidigungslinie. Mit dem Fort Paté, heute eine vom französischen Militär genutzte Insel in der Gironde, und der Zitadelle von Blaye hatte Festungsarchitekt Vauban um 1690 die Verteidigung von Bordeaux organisiert. Von Norden kommende Schiffe konnten so

Die von Vauban erbaute Zitadelle von Blaye liegt direkt an der Gironde

von drei Stellen aus unter Beschuss genommen werden.

12 Citadelle de Blaye

Wunderbar erhaltene Festungsanlage mit grandiosen Aussichten

Information

■ In der Citadelle, 33390 Blaye, Tel. 05 57 42 12 09, www.tourisme-blaye.com

Seit 2008 gehört die imposante Zitadelle als Teil des Verrou Vauban (»verrou« heißt »Riegel«) zum UNESCO- Weltkulturerbe. Besucher sehen sich mit 1,5 km Mauern konfrontiert, die in großen Teilen besichtigt werden können. Die gewaltige Anlage, die 1500 Soldaten aufnehmen konnte, galt, auf ihre militärische Bedeutung verweisend, als »Stern und Schlüssel Aquitaniens«. Bei einem Rundgang lassen sich Überreste eines alten Klosters entdecken und die Aussichtsterrasse auf der Tour des Rondes, die einen Panoramablick auf das Umland bietet.

Parken

Direkt südlich der Zitadelle liegen am Ufer der Gironde und ihres kleinen Zuflusses Le Saugeron ausgedehnte Parkmöglichkeiten. Von hier aus gibt es einen direkten Zugang zur Zitadelle.

■ Rue Pierre Semard, 33390 Blaye

ADAC Mobil

Von Lamarque verkehren **Autofähren** über die Gironde nach Blaye, die die 80 km lange Straßenverbindung über Bordeaux vermeiden helfen. Die tgl. sechs Verbindungen im Winter und bis zu zehn im Sommer dauern 15 Min. Sie kosten ab 25 € für den Pkw und 4,50 € pro Person. Tagesaktuelle Fahrpläne unter www.gironde.fr/deplacements/les-bacs-girondins-ferries

Übernachten

Wie kaum anders zu erwarten, sind die Preise der Hotels in der Innenstadt von Bordeaux höher als anderswo, doch die Bandbreite unterschiedlichster Hotelkonzepte ist es eben auch. Im gleichfalls nicht gerade kostengünstigen Arcachon mit Meerblick zu übernachten und von hier aus den Ausflug in die Metropole zu unternehmen, hat auch seinen Reiz. Kaum hat man Bordeaux verlassen, sinken die Preise etwas. Vor allem an der Küste des Médoc finden sich überwiegend Hotels, die auf reinen Badetourismus ausgelegt sind. In den Weinbergen rund um St-Émilion und zwischen Garonne und Dordogne lassen sich romantische Übernachtungsmöglichkeiten finden. Landhotels, zu denen häufig auch Weingüter gehören, garantieren Erholung fernab der Großstadt Bordeaux. Und wer auf die tägliche Abkühlung im Atlantik verzichten kann, der ist hier im Inland bestens aufgehoben.

Bordeaux 66

€ | La Cour Carrée Die Zimmer rund um einen quadratischen Hof prägt alle ein minimalistisches skandinavisches Design. Und das in einem klassisch französischen Stadthaus? Funktioniert tatsächlich. ■ 5, rue de Lurbe, Tel. 05 57 35 00 00, www.lacourcarree.com

€ | Mama Shelter Laut Selbstaussage ist das Mama Shelter ein »urbanes Refugium, ästhetisch, modern und geistreich und dennoch menschlich, warmherzig und attraktiv«. Es gibt fünf nach Größe und Ausstattung gestaffelte Zimmerkategorien. ■ 19, rue Poquelin Molière, Tel. 05 57 30 45 45, www.mamashelter.com/de/bordeaux

Das Designhotel Mama Shelter in Bordeaux lockt mit einer Dachterrasse

€€€ | Best Western Grand Hôtel Français Näher an der Place de la Bourse lässt sich für diesen Preis kaum wohnen. Das klassisch eingerichtete Hotel ist frisch renoviert, hat aber nostalgischen Charme. ■ 12, rue du Temple, Tel. 05 56 48 10 35, www.grand-hotel-francais.com

€€€ | L'Hôtel Particulier Das stilvolle Interieur des Palais aus dem 19. Jh. in Innenstadtlage wurde in drei Zimmer und zwei Suiten umgewandelt. Die zeitgenössisch-noble Einrichtung harmoniert mit Marmorkaminen und Stuck. ■ 44, rue vital Carles, Tel. 05 57 88 28 80, www.lhotel-particulier.com

St-Émilion 78

€€ | Château Fleur de Roques Das von eigenen Weinbergen umgebene

Herrenhaus, das über ein Schwimmbad, einen romantischen Hof und große Zimmer verfügt, liegt nahe bei St-Emilion. ■ 9, route de Roques, 33570 Puisseguin (D 21), Tel. 07 86 85 20 65, www.fleurderoques.com

€€ | Palais Cardinal Das in Familienbesitz befindliche Hotel ist in historischen Gemäuern direkt an einem der Tore in der alten Stadtmauer gelegen. Auch ein Swimmingpool und ein Restaurant gehören dazu. ■ Place du 11 novembre 1918, Tel. 05 57 24 72 39, www.palais-cardinal.com

Cadillac 82

€€ | Château de la Tour Das Hotel verfügt über einen Pool und besticht mit guter Küche im hauseigenen Restaurant Le Pradeilles. ■ 2, Avenue de la Libération, 33410 Béguey (Cadillac), Tel. 05 56 76 92 00, www.hotel-restaurant-chateaudelatour.com

Arcachon 82

€€ | Grand Hotel Richelieu Eine alte Adressen in Arcachon, genauer seit 1868, doch das familiengeführte Haus ist mit der Zeit gegangen. Das etwas altmodische Ambiente macht seinen Charme aus. ■ 185, boulevard de la Plage, Tel. 05 56 83 16 50, www.grand-hotel-richelieu.com

€€ | Villa-Lamartine Korrektes Hotel mit blumiger Dekoration, frisch renoviert und ideal im Zentrum, nur wenige Minuten vom Strand entfernt, gelegen. ■ 28, avenue Lamartine, Tel. 05 56 83 95 77, www.hotelvilla lamartine.com

6 **€€€ | Ville d'Hiver** Warum nicht einmal in exklusiver Atmosphäre im Liegestuhl an einem Swimmingpool ausruhen, der früher als Zisterne diente? In dem ehemaligen Wasserwerk befinden sich heute elegante Zimmer. ■ 20, avenue Victor Hugo, Tel. 05 56 66 10 36, www.hotelvilled hiver.com

ADAC Das besondere Hotel

Wohnen in einer mit Sonnenkollektoren beheizten ehemaligen Mühle von 1780 inmitten von Feldern und Weinstöcken? Das ist in der **Moulin de la Garenne** möglich. Luxus sollte man nicht erwarten (die Duschen werden von aufgefangenem Regenwasser gespeist), aber in und um die Mühle herrscht Stille, die Blicke sind unverstellt und höchstens das Singen der Vögel sorgt für Zerstreuung. *€ | Trignac (40 km nordöstlich von Blaye an der D 152), 17130 Vibrac, Tel. 06 78 83 64 69, www.moulin-de-la-garenne.fr*

Soulac-sur-Mer 87

€ | L'Arberet Die Zimmer sind einfach eingerichtet, aber fast alle bieten Blick ins Grüne. Auch ein Schwimmbad gehört zum Hotel dazu. ■ 32, route de Soulac, 33930 Vendays-Montalivet, Tel. 05 56 41 71 29, www.hotel-restaurant-medoc.fr

Pauillac 87

€€ | Château Ormes de Pez Es gibt nur fünf Zimmer, aber die liegen in einem Schloss, umgeben von Weinstöcken. Gartenterrasse mit Blick in den Park. ■ 29, route des Ormes de Pez, 33180 Saint-Estèphe, Tel. 05 56 59 30 05, www.ormesdepez.com

Von Poitiers zur Côte de Lumière in der Vendée

Die alte Pilgerstadt Poitiers ist die Hochburg der Romanik. Die Vendée lockt mit sanften Landschaften, schönen Stränden und Inseln

Auf dem Weg ins Küstendépartement Vendée liegt weit im Inland Poitiers, heute eine beliebte Universitätsstadt, die als Hochburg der romanischen Architektur bekannt ist. Aber auch ein sensationeller Freizeitpark, das nahe gelegene Futuroscope, rechtfertigt einen Stopp auf dem Weg zum Atlantik. Seeluft meint dann schon zu spüren, wer im Sumpfgebiet des Marais Poitevin eine Ausflugsbarke besteigt. In der Vendée scheint man immer am westlichen Horizont das Meer zu sehen, so flach ist die Landschaft. Der Küstenstreifen um Les Sables-d'Olonne ist in den Sommermonaten das Ziel vieler Franzosen, die Urlaub im eigenen Land machen, das dafür Sandstrände genug bietet. Auch die Inseln Noirmoutier, bekannt für die Salzgewinnung, und die weit draußen liegende Île d'Yeu, deren Westküste vom Atlantik zerzaust wurde, sind lohnende Ziele.

In diesem Kapitel:

ADAC Top Tipps:

Église Notre-Dame-la-Grande, Poitiers
| Kirche |
Romanik pur als großes Vorbild: Dieser Bau sollte stilbildend für die Kirchenbauten im gesamten Poitou werden. 95

Puy du Fou
| Erlebnispark |
Hier wird Geschichte wieder lebendig, und ein echtes Renaissanceschloss spielt mit. 98

ADAC Empfehlungen:

Futuroscope
| Erlebnispark |
In diesem Freizeitpark multimedial in die Zukunft zu reisen, ist nichts für schwache Nerven. 98

16

Le Jusant, Île de Noirmoutier
| Restaurant |
Wenn schon Urlaub auf einer Insel, dann sollte der Blick auf Hafen und Meer nicht fehlen. 102

Côte Sauvage, Île d'Yeu
| Küste |
An der Westküste der Île d'Yeu liegt nur noch der weite Atlantik vor einem, manch einer soll von hier aus schon Amerika gesehen haben. 104

Plage des Conches
| Strand |
Ein besonders schöner, unverbauter langer Strand bei Avrillé, bei Ebbe ideal für Strandjogger. 108

Les Prateaux, Île de Noirmoutier
| Hotel |
In diesem Hotel mit viel Charakter und bester Insellage auf Noirmoutier kommen Naturfreunde rundum auf ihre Kosten. 111

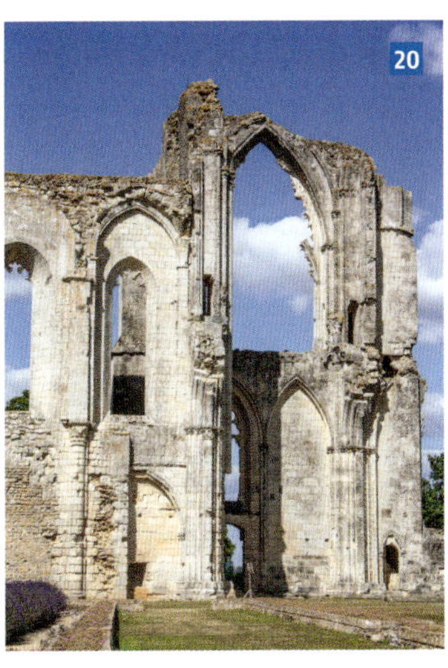
20

13 Poitiers

Hier verbinden sich Vergangenheit und Zukunft

Blick auf die romanische Kirche Notre-Dame-la-Grande in Poitiers

Information

- Office de Tourisme, 45, place Charles de Gaulle, 86009 Poitiers, Tel. 05 49 41 21 24, www.visitpoitiers.fr
- Parken: siehe S. 97

Die Stadt, auf einem Plateau am Fluss Clain gelegen, ist heute eine der bedeutendsten französischen Universitätsstädte und verfügt über einen TGV-Bahnhof, von dem aus Paris in knapp eineinhalb Stunden erreicht werden kann. Die historische Hauptstadt des Poitou und Geburtsstätte von Eleonore von Aquitanien, vor deren Toren einst so entscheidende Schlachten stattfanden wie die Chlodwigs gegen den Westgoten Alarich im 6. und die Karl Martells gegen die Araber im 8. Jh., ist heute berühmt für ihre romanischen und gotischen Kirchenbauten. Die Architektur von Notre-Dame-la-Grande sollte weit über die Grenzen Poitiers hinaus Schule machen und das Baptisterium St-Jean mit seinen bedeutenden Wandmalereien gilt als das älteste noch erhaltene in Frankreich. Die imposante Kathedrale St-Pierre gehört zu den ungewöhnlichsten Bauten der französischen Gotik. Doch Poitiers ist alles andere als ein Freilichtmuseum, wofür die Studentenschar in der Stadt sorgt.

Plan
S. 97 

 Sehenswert

Église Notre-Dame-la-Grande

| Kirche |

Eine Fassade wie ein Bilderbuch der Heiligenlegenden

Unwillkürlich bleibt man vor der restaurierten Fassade des romanischen Paradebaus stehen, denn es gibt viel zu sehen. Ähnlich wird es den Gläubigen des Mittelalters gegangen sein, als sie zum ersten Mal Christus mit den Evangelistensymbolen sahen, der sie von der Fassade herab zu segnen scheint. Über dem Mittelportal tauchen Adam und Eva, die Propheten, der Harfe spielende David und unzählige Bibelszenen, darunter Christi Geburt, auf. Bei der Restaurierung wurden winzige Farbspuren gefunden. Die Schauwand muss einstmals wie ein buntes Bilderbuch gewirkt haben. Im Innern hingegen herrscht beinahe Dunkelheit, erst im Chor tauchen wieder stark verblasste Originalfarben am Chorhimmel auf.

■ 53, place Charles de Gaulle, 9–19 Uhr

2 Cathédrale St-Pierre

| Kathedrale |

Am größten Kirchenbau der Stadt, der Kathedrale St. Peter aus dem 12. Jh., baute man nur 200 Jahre. Unter Eleonore noch im Stil der Spätromanik begonnen, wurde die Kirche um 1380 im hochgotischen Stil beendet, der sich gut an der Westfassade mit der Rosette und den drei Gewändeportalen ablesen lässt. Eine gewaltige Hallenkirche mit nur einem Schiff erwartet die Eintretenden. Erst vor wenigen Jahren wurden 850 m^2 Deckenmalereien des 13. Jh. unter dem Putz gefunden, die die Gewölbe vor allem in Rot- und Blautönen schmücken und einst von Sternen aus Blattgold begleitet wurden. Sicher eines der schönsten und ältesten Fenster christlicher Baukunst wurde in der Achse über dem Altar ausgeführt. Es zeigt die Kreuzigung und stammt vom Ende des 12. Jh. Eine der dargestellten Figuren am Fuße des Kreuzes soll Eleonore selbst sein, die vermutlich auch die »Sponsorin« war.

■ 1, rue Sainte Croix, 9–19.30, im Winter bis 17 Uhr

3 Église Ste-Radegonde

| Kirche |

Radegundis, im 6. Jh. in Thüringen geboren, ist Poitiers Stadtheilige. Sie starb hier 587 als Ehefrau des fränkischen Königs Chlothars I. Da sich über ihrem Grab bald Wunder ereigneten, entstanden immer neue Kirchenbauten, um eine wachsende Schar von Pilgern aufnehmen zu können. Der mächtige Eingangsturm stammt aus dem 11. Jh., der Rest der Kirche aus dem 12.–13. Jh. In der Krypta werden nach wie vor ihre Reliquien verehrt. Heute zieht vor allem der ausgemalte Chor die Besucher an. Die farbigen Kapitelle wirken sehr plastisch, auch wenn die Bemalung im 19. Jh. sehr unsensibel ausgeführt wurde.

■ Rue du Pigeon Blanc, 9–18 Uhr

 Baptistère St-Jean

| Kapelle |

Das Baptisterium des 4. Jh. ist wohl der älteste in Frankreich noch erhaltene christliche Bau. Ursprünglich war es Teil einer gallorömischen Villa, bevor es seit dem 5. Jh. zur frei stehenden Taufkapelle wurde. Das achteckige Bassin im Fußboden diente bis ins 8. Jh. für die Ganzkörpertaufe. Später nutzte man den Bau als einfache Kirche, die mit Fresken geschmückt wurde. Besonders gut erhalten sind die in Ocker, Weiß und Grün ausgeführten Malereien des 12. und 13. Jh. In einer Art Fries lassen sich Johannes der Täufer, Apostel und Reiter erkennen, von denen einer Kaiser Konstantin darstellen soll.

■ Rue Jean Jaurès, Mai–20. Juni Di–So 14–18, 21. Juni–Sept. Mo–So 10.30–12.30, 14–18, Okt.–April Di–So 14–16 Uhr, 3 €

 Musée St-Croix

| Museum |

Das 1974 erbaute Museum besitzt die umfangreichste Sammlung an Kunstwerken und archäologischen Fundstücken der Region. Eine herausragende Athena-Skulptur aus dem 1. Jh. und spätantike Sarkophage belegen die Bedeutung von Poitiers in der Römerzeit. Ein perfekt erhaltenes romanisches Kapitell aus dem 11. Jh., das zwei bärtige Männer im Streit zeigt, ist ein viel bestauntes Meisterwerk. Die Abteilung der Schönen Künste besitzt

Im Blickpunkt

Pilger auf dem Weg zum wahren Jakob

Das sogenannte Jakobsbuch aus dem 12. Jh. listete vier Hauptwege der Pilger durch Frankreich zum Apostelgrab auf. Die Via Turonensis führte von Paris über Tours (daher der Name) nach Poitiers und weiter durch Aulnay, Saintes, Bordeaux, Sorde l'Abbaye und Dax. Ein weiterer Hauptweg nach Santiago de Compostela durchquerte auch St-Sever, bevor sich beide Strecken im Baskenland vereinten. Ein Nebenweg führte entlang der Atlantikküste über Soulac und Bayonne. An diesen Pilgerrouten entstanden die prächtigsten Klöster, Kirchen und Hospize der Romanik. Sie dienten nicht nur dem Seelenheil, sondern waren auch wichtige Faktoren im wirtschaftlichen und kulturellen Leben der Zeit, Orte des Austauschs von Wissen und Traditionen. Heute zählen Abschnitte des französischen Jakobswegs zum Weltkulturerbe der UNESCO.

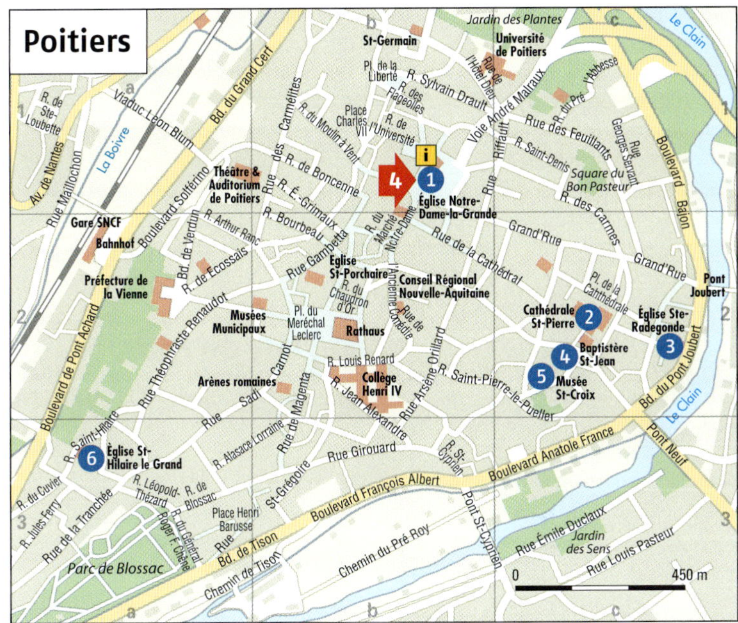

Gemälde und Skulpturen von der Renaissance bis ins 20. Jh., darunter Werke von Flandrin, Moreau, Rodin, Bonnard und Mondrian.

■ 3 bis, rue Jean Jaurès, Tel. 05 49 41 07 53, Di–Fr 10–18, Sa/So 13–18 Uhr, 5 €

6 Église St-Hilaire le Grand

| Kirche |

Die Kirche liegt an der Stelle eines früheren gallorömischen Friedhofs. Bischof Hilarius erbaute über zwei Märtyrergräbern im 4. Jh. ein erstes Oratorium, aus dem später ein Kloster hervorging. Heute ist nur noch der Chor samt Kapellen aus dem 11. Jh. erhalten, das Langhaus wurde in der Revolution zerstört und im späten 19. Jh. wieder aufgebaut. Oberhalb der düsteren Krypta, in der sich noch die Reliquien des Hilarius befinden, haben sich im Chor und an einige Pfeilern des Langhauses noch gut erkennbare Wandmalereien des 12. Jh. erhalten, die von Märtyrern erzählen.

■ 26, rue Saint Hilaire, 9–18.30 Uhr

Parken

Größter innerstädtische Parkplatz von Poitiers, nur wenige Gehminuten von Notre-Dame-la-Grande entfernt. ■ Parking de Notre-Dame, 4, voie Malraux, weitere Einfahrt rue de Mexico, Plan S. 97 b1

Restaurants

€€ | La Cuisine au beurre Malerisch im Altstadtensemble neben Notre-Dame-la-Grande gelegen. Neben einem hervorragenden Risotto gibt es auch Fisch und typisch französische Geflügelgerichte. ■ 15, place Charles de Gaulle, Tel. 05 49 41 03 26, Mo–Sa, Plan S. 97 b1

€€ | Le Bistro de l'Absynthe Traditionelle, hausgemachte Gerichte, die auf raffinierte Weise neu interpretiert werden. ■ 36, rue Sadi Carnot, Tel. 05 49 37 28 44, Di–Sa, Plan S. 97 b2

€€ | Toqué! Cuisine Bistro Am Rand der Fußgängerzone versteckt sich das von außen unscheinbare Bistro, in dem aber auffällig gut gekocht wird. Gerne auch mal asiatisch angehauchte Vorspeisen wechseln mit traditionellen Gerichten wie Lammkeule ab. ■ 44, rue de la cathédrale, Tel. 05 49 62 19 33, Di–Sa, Plan S. 97 b2

€€€ | Les Archives Aus der neogotischen Jesuitenkapelle wurde erst ein Archiv, dann ein besonderes Restaurant. Moderne Bistroküche, bei der man das Kirchenambiente mitbezahlt. ■ 14, rue Edouard Grimaux, www.lesarchives.fr, Tel. 05 49 30 53 00, 12–14, 19–22, Fr und Sa bis 22.30 Uhr, Plan S. 97 b1

In der Umgebung

Futuroscope

| Erlebnispark |

Zukunftsweisendes gibt es hier mit allen Sinnen zu erleben

Der Name des Erlebnisparks verrät, dass es hier um oder besser in die Zukunft geht. Mit neuesten Medientechnologien, die früher Zukunftsmusik waren, werden die Besucher (zumindest visuell) in andere Welten gebracht. Natürlich wird Jules Verne zurate gezogen, wenn es um eine Weltreise der besonderen Art geht, und so heißt die neueste Attraktion auch »L'Extraordinaire Voyage«. Mit 3-D-Brillen geht es an Bord eines Simulators in die vierte Dimension, denn es kommen auch Gerüche, Windstöße und Kältewellen auf die Reisenden zu. An Spezialeffekten und gigantischen kugelförmigen Bildschirmen mangelt es im Futuroscope nicht. Romantiker können sich am Abend bei der aufwendigen Wasser-, Feuer- und Lichtshow des berühmten Cirque de Soleil zurücklehnen.

■ Avenue René Monory, 86360 Chasseneuil-du-Poitou (15 km nördlich von Poitiers an der A 10), Tel. 05 49 49 59 08, www.futuroscope.com, ab 45 €, Kinder (5–12 J.) 37 €, versch. Ticketpreise, Angebote und Öffnungszeitenkalender auf der Webseite

14 Puy du Fou

Ein Erlebnispark auf Erfolgskurs: über 2 Mio. Besucher pro Jahr

■ 85590 Les Espesses (A 87, Ausfahrt 28), www.puydufou.com/de, Tel. 08 20 09 10 10 (kostenpflichtig), April–Anf. Nov., Kalender mit Öffnungszeiten im Internet, Preise ab 53 €, 37 € 5–13 J., günstigere Online-Buchungen, App »Puy du Fou – Grand Parc« für Apple und Android

Es begann 1977, als der Sohn eines Regionalpolitikers ein Gedicht über die Schlossruine des Puy-du-Fou schrieb. Damit war die Idee geboren, genau dort ein Schauspiel zur lokalen Geschichte vom Mittelalter bis zum Zweiten Weltkrieg aufzuführen. Das historische Schloss diente als imposante Kulisse. Zehn Jahre später wurde daraus der Erlebnispark Puy du Fou, der sich um rekonstruierte Dörfer des Mittelalters, des 18. und späten 19. Jh. dreht. Heute werden über 60 Attraktionen angeboten. Natürlich steht eine Mittelaltershow auf dem Programm mit Hunderten von Komparsen in authentischen Kostümen des Hundertjährigen Krieges, bei der Pferde, Falken, Eulen oder Geier genauso zum Einsatz kommen wie ausgeklügelte Pyrotechnik. Mittlerweile werden auch

Wikingerangriffe, römische Wagenrennen und Tanzshows bei Nacht aufgeführt, bei denen Tausende Zuschauer auf den Rängen sitzen.

In der Umgebung

Abbaye Notre-Dame de la Grainetière

| Kloster |

Völlig abseits gelegen, versteckt sich diese seit 1979 wieder von wenigen Mönchen bewohnte Abtei am gleichnamigen Bach. Gegründet wurde sie bereits 1130 von Benediktinern, die sich später gezwungen sahen, ihre Abtei gegen Angreifer zu befestigen. Und von denen gab es unzählige seit der Zeit des Hundertjährigen Krieges. Im Zuge der Französischen Revolution wurde die Abtei aufgelöst. Heute arbeiten die Mönche an der Restaurierung der Gebäude. Die schön gepflegte Anlage mit Gärten und romantischem Kreuzgang lohnt den Besuch.

■ Les Herbiers, Tel. 02 51 67 21 19, www.abbayedelagrainetiere.fr, Mo–Sa 10.30–11.50, 14–17.30, So 14–17.30 Uhr, 2 €

15 Pouzauges

Eine stattliche Burgruine überragt dieses verschlafene Städtchen

Information

■ 30, place de l'église, 85700 Pouzauges, Tel. 02 51 91 82 46, www.tourisme-paysdepouzauges.fr

Im Hügelland der Vendée liegt Pouzauges auf 230 m Höhe. Kaum verwunderlich, dass diese strategische Lage im Mittelalter zum Bau einer Burg führte.

Die Mittelaltershow ist einer der Höhepunkte im Erlebnispark Puy du Fou

Auftraggeber war die einflussreiche Familie von Thouars. Während der Religionskriege im 16. Jh. behauptete sich die protestantische Familie zunächst, doch der Niedergang folgte im 17. Jh. Heute dient der Burghof als öffentlicher Park, der von Mauerresten umschlossen wird. Grandiose Wandmalereien haben sich in der Kirche von Vieux-Pouzauges erhalten.

Sehenswert

Notre-Dame-du-Vieux-Pouzauges

| Kirche |

Bis 1948 wusste niemand von den außergewöhnlichen Fresken, die auf den beiden Seitenwänden im Innern der Kirche unter Putz verborgen waren. Sie stammen aus dem frühen 12. Jh. Die Farbpalette reicht von Blau und Grün bis Tiefrot und Ocker, um den Gläubigen, die weder lesen noch schreiben konnten, biblische Szenen zu vermitteln. Auf drei kunstvoll gerahmten Registern wird von Kain und Abel, Abraham und Isaak und dem Sündenfall erzählt, aber neben Alttestamentarischem erscheinen auch detaillierte Marienszenen.

■ An der D 49, rue Louis Desnouhes

16 Île de Noirmoutier

Die Insel der Mimosen, Mönche und Zweitwohnsitze für die großen Ferien

Information

■ Office de Tourisme, rue du Polder, 85630 Barbatre, Tel. 02 51 39 80 71, www.ile-noirmoutier.com

Dünen und Strände säumen die Insel an ihrer zum Atlantik hin offenen Westküste. Die Salzgewinnung in den

Kiefernwald und Sandstrand auf der Île de Noirmoutier

ausgedehnten Salinen im Norden, die fast ein Drittel der Insel ausmachen, ist neben dem Tourismus die zweitwichtigste Einnahmequelle. Vom milden Klima der Insel profitieren nicht nur die hier blühenden Mimosen, auch das Frühgemüse, das von der Insel kommt, ist in ganz Frankreich bekannt, vor allem die Bonnotte, die berühmteste heimische Kartoffelsorte. Ende des 7. Jh. waren es die Mönche um den hl. Philibert, die auf Noirmoutier eine wichtige Abtei gründeten. Überfälle durch die Normannen sollten der Insel im 10. Jh. nicht erspart bleiben. Die stolze Burg in Noirmoutier-en-l'Île diente ihrer Abwehr. Nach Engländern, Holländern und Spaniern hinterließen im 20. Jh. die deutschen Besatzer die deutlichsten Spuren. Die Bunkeranlage von L'Herbaudière ist nur ein Beispiel.

Sehenswert

Château de Noirmoutier-en-l'Île

| Burg |

Im Hauptort Noirmoutier-en-l'Île ducken sich die weiß getünchten Häuser im Schatten der ebenfalls schneeweiß aufragenden Burg des 12. Jh. Ihr rechteckiger Bergfried mit den vier Ecktürmen ragt inmitten eines ummauerten Geländes 20 m in die Höhe. Ein kleines Museum dokumentiert die Geschichte der fotogenen Baumasse.

■ Place d'armes, 85330 Noirmoutier-en-l'Île, Tel. 02 51 39 10 42, Juli/Aug. 10–19, Sept., April–Juni Mi–Mo 10–12.30, 14.30–18, Okt.–März 14–18 Uhr, 8 €, 6–17 J. 5 €

Église St-Philibert

| Kirche |

Ein weiterer Überrest des Mittelalters ist die gegenüberliegende mächtige dreischiffige Kirche St. Philibert mit ihrer düsteren Krypta aus dem 11. Jh. Hier befand sich einst das Grab des Heiligen, bevor die Mönche seine Gebeine mit auf die Flucht nahmen. Die Stelle markiert ein steinerner Baldachin.

■ 2, rue du Cheminet, 85330 Noirmoutier-en-l'Île

ADAC Spartipp

Jedes Jahr Mitte September öffnen auch in der Region Nouvelle-Aquitaine Hunderte von Sehenswürdigkeiten während der zwei Tage der **Journées européennes du patrimoine** ihre Tore kostenlos. Darunter auch den Rest des Jahres unzugängliche Schriftstellerhäuser, politische Institutionen, Archive oder Privatschlösser. Es sollte allerdings eingeplant werden, dass man sich in die Besucherschlangen einreihen muss (Programm unter journeesdupatrimoine.culture.gouv.fr).

Plage des Dames

| Strand |

An der Küste im Nordosten der Insel reicht der Wald bis an die Plage des Dames. Vor einigen Jahren wurde hier der bei den Einheimischen inzwischen wieder sehr beliebte und weit ins Meer reichende hölzerne Anlegesteg Estacade des Dames renoviert. Er erinnert an die alten Zeiten, als hier ab 1889 Schiffe zum Festland (Pornic) abgefertigt wurden. In den 1980er-Jahren verlor er seine Funktion, weil die Schiffsverbindung eingestellt wurde. Heute wird er vor allem zum Fischen, Sonnenbaden und als Fotomotiv genutzt.

Gefällt Ihnen das?

Dann sollten Sie mal einen Blick in den gut erhaltenen **Bunker** (S. 118) mitten in La Rochelle werfen. Sie werden staunen, wie komfortabel sich die Besatzer hier eingerichtet hatten. Oder Sie schauen sich **Fort Louvois** (S. 125) an, um festzustellen, dass die Franzosen schon 200 Jahre früher eine mächtige Festung ohne Beton bauen konnten.

L'Herbaudière

| Hafen |

Im Nordwesten liegt dieser sympathische Hafen am Atlantik. Hier werden Krustentiere an Land gebracht, während Thunfisch- und Sardinenfang keine Rolle mehr spielen. Die Rückkehr der Fischer beschert dem Hafen ein buntes Treiben. Lohnend ist ein Spaziergang zur Pointe de l'Herbaudière, der nordwestlichsten Spitze der Insel. Wie ein Fels in der Brandung besetzt noch immer der Bunker Clausewitz, seit 1942 Teil des Atlantikwalls (atlanticwall.fr) der Deutschen, den felsigen Untergrund.

Marais salantes

| Salinen |

Es waren Mönche, die im Mittelalter mit der Verwandlung von Sümpfen in Salzgärten begannen. Die Gewinnung und Vermarktung des »weißen Goldes« war ein einträgliches Geschäft. Heute ist die Insel nach der Bretagne und der Camargue der größte Salzproduzent Frankreichs. Bis zu 1500 t Salz werden heute jedes Jahr zwischen Juni und September gewonnen. In den 1980er-Jahren lagen viele Salzgärten brach, doch eine junge Generation von Salzbauern (»sauniers«) hat sie mittlerweile wiederbelebt und betreibt die Vermarktung in Kooperativen. Die Salzgärten werden von März bis November bewirtschaftet, z. B.:

■ Mounet, route de Noirmoutier (D 95), 85740 L'Épine, Tel. 06 01 71 17 50, www.seldenoirmoutier.com, Besichtigung Juli/Aug. 16 und 18 Uhr

■ Puylorson, route de l'Épine (D 38), 85680 La Guérinière, Tel. 06 33 46 60 48, 15. Juni–15. Sept. Besichtigung 17 Uhr

Verkehrsmittel

Brücke Auch wenn Noirmoutier bei Ebbe über die knapp 4 km lange Passage du Gois (D 948) zu erreichen ist, strömen doch die meisten Fahrzeuge vom Festland über die 1971 gebaute Brücke (D 38).

Restaurants

€ | Le Jusant Hier kann man sich mit Panoramablick auf die Segler im Hafenbecken nicht nur von Meeresfrüchten auf dem Teller überraschen lassen. ■ 4, rue Marie Lemonnier, 85330 Noirmoutier-en-l'Île, Tel. 02 51 39 71 44, www.lejusant-noirmoutier.fr, tgl. mittags außer Mi, Sa abends, April–Sept. auch Do und Fr abends

Einkaufen

Atelier du Sel Hier gibt es wirklich alles zu kaufen, was mit dem »weißen Gold« der Insel, dem Salz, zu tun hat. ■ 22, avenue de la Liberté, 85740 L' Épine, April–Okt. 9.30–13 Uhr

Sport

Centre Équestre In der sommerlichen Hochsaison werden hier Ausritte in die

Die Personenfähre pendelt täglich zwischen dem Festland und der Île d'Yeu

Salzgärten oder zu den Stränden angeboten. Auch Anfänger im Sattel sind willkommen. ■ Rue de Puits Namer, L'Herbaudière, 85330 Noirmoutier, Tel. 02 51 39 59 38, www.equitation-noirmoutier.fr, 9–13, 15–20 Uhr

17 Île d'Yeu

Die kleine Insel erinnert an die Bretagne, aber auch an die Kykladen ...

Information

■ Office de Tourisme, rue du Marché, 85350 L'île d'Yeu, Tel. 02 51 58 32 58, www.ile-yeu.fr

Aus Granit und recht einsam, zumindest außerhalb der Sommersaison, und mit 10 km Länge und 4 km Breite überschaubar – so ließe sich die Île d'Yeu kurz charakterisieren. Aber sie hat auch herrliche lange Sandstrände an der geschützten Ostseite. Die dem Atlantik ausgesetzte Côte Sauvage, die »wilde Küste«, fasziniert mit schroffen Klippen. Wanderer und Fahrradfahrer kommen auf ihre Kosten, denn der ungewöhnliche Leuchtturm, kleine Kapellen und eine filmreife Burgruine sind bequem erreichbar.

Sehenswert

Port Joinville

| Hafen |

Hier erreichen die Fähren vom Festland die Insel. Als der Tourismus noch nicht Einnahmequelle Nummer eins war, verdiente man hier sein Geld mit dem Thunfischfang. Das kleine Musée de la Pêche (Quai de la Chapelle) weiß davon anschaulich zu berichten. Auf dem Friedhof des Ortes liegt Marschall Pétain begraben. Vor seinem Tod hatte er die Jahre von 1945 bis 1951 im Inselgefängnis in der Zitadelle verbracht. Der Diebstahl seines Leichnams durch Rechtsextremisten im Februar 1973 brachte den einstigen Staatschef des Vichy-Regimes

Das Vieux Château auf der Île d'Yeu ist über einen Holzsteg zu erreichen

nochmal in die Schlagzeilen. Die Diebe wurden jedoch gestellt.

Plage de la Grande Conche

| Strand |

Der Gegensatz zur Côte Sauvage könnte kaum größer sein. Mit der Plage de la Grande Conche ziehen sich feine Sandstrände über mehrere Kilometer nach Norden. In den Hochsommermonaten kommen aber nur Frühaufsteher noch in den Genuss einsamer Strandidylle.

Côte Sauvage

| Küste |

Hier schlägt das Herz des Küstenwanderers schneller

Die »wilde Küste« der Île d'Yeu reicht von der nordwestlichen Pointe du But bis hinunter zur Pointe des Corbeaux. Ein rot-weiß markierter Wanderweg erleichtert die Orientierung. Einmal am winzigen Flugplatz vorbei, gelangt man bald zur Pointe du Châtelet, die sich hinaus in den Atlantik streckt. Ein hohes steinernes Kreuz auf den gefährlichen Klippen markiert den Calvaire des Marins, das Denkmal für nicht mehr heimgekehrte Seefahrer. Die schmale Bucht mit dem kleinen Hafen Port de la Meule ist eines der beliebtesten Postkartenmotive auf Yeu. Die hier einsam auf einem Plateau liegende schneeweiße Kapelle erinnert bei strahlend blauem Himmel an die Architektur der Kykladen. In der Ferne taucht der kleine Leuchtturm auf der Landspitze Pointe des Corbeaux auf, wo die Côte Sauvage endet.

Vieux Château

| Burgruine |

Heute ist die stolze Burg an der Südwestküste der Insel, die während des Hundertjährigen Krieges auf einem mächtigen Felsen vor der Küste errichtet wurde, über einen Holzsteg zu erreichen. Sie ist zur Besichtigung geöffnet. Von Weitem glaubt man eher, sich einer irischen oder schottischen Burgruine zu nähern, derart heftig wird die Festung vom Wasser umtost.

■ Vieux Château, April–Juni und Sept. Di, Do, Sa, So Führungen stdl. 11–13 und 14.30–16.30, Juli/Aug. tgl. jede halbe Std. 11–12.30, 16.30–17.30, ohne Führung nur 13.30–16 Uhr, 6 €, 7–18 J. 2 € (Kombiticket mit Grand Phare möglich)

Grand Phare

| Leuchtturm |

Dieser Leuchtturm besitzt eine eigenwillige Form. Er ist auf einem quadratischen Grundriss errichtet. Sein Vorgänger wurde 1944 zerstört und als man ihn 1951 bis auf eine Höhe von 56 m wieder erbaute, griff man zur Formensprache der modernen Architektur. Gegen Eintrittsgeld können Besucher die knapp 200 Stufen bis zu seiner Spitze erklimmen.

■ Route de l'aérodrome, April–Juni und Sept. Mi, Fr 10.30–13, Mi auch 14–17, Sa/So 10.30–12.30, Juli/Aug. tgl. 10.30–12.30, 14–18 Uhr, 4 €, 7–18 J. 2 € (Kombiticket mit Vieux Château möglich)

ADAC Mobil

Fahrradfahren bietet sich auf der Île d'Yeu an, denn die Überfahrt mit dem eigenen Wagen ist unverhältnismäßig teuer. **Fahrradverleih** u. a. bei Good Bike, 2, rue Calypso, Port-Joinville, Tel. 07 82 22 89 15, www.velo-goodbike.com oder La Trottinette, 2, rue de la Chaume, Tel. 02 51 58 31 06, www.velo-trottinette.com

Verkehrsmittel

Zwei Schiffslinien fahren ganzjährig zur Île d'Yeu vom Festland ab Port Fromentine in La Barre de Monts. Die Überfahrt dauert 30–70 Min.

■ Compagnie Yeu Continent, Tel. 02 52 32 32 32, www.yeu-continent.fr

■ Compagnie Vendéenne, Tel. 02 51 60 14 60, www.compagnie-vendeenne.com

Restaurants

€€ | La Meule Hier gibt es keine gedruckte Speisekarte, aber eine Tageskarte, die draußen angeschrieben steht. Im Angebot sind viel Fisch und ein genialer Blick auf die winzige Bucht. Beides hat aber auch seinen Preis. ■ Port de la Meule, Tel. 02 51 59 57 32, April–Okt. 11–22 Uhr

Kinder

Warum nicht mal die kleine Insel auf dem Rücken eines Esels (»âne«) überqueren? Schließlich geht nicht jeder (wie die meisten Eltern) gerne Wandern. Und Fahrradfahren kennt man ja bereits von zu Hause ...

■ Infos im Office de Tourisme

18 Les Sables-d'Olonne

Berühmt für die Vendée Globe, aber auch für seine Strandpromenade

Information

■ Office de Tourisme, 1, promenade Wilson, 85100 Les Sables-d'Olonne, Tel. 02 51 96 85 85, www.lessablesdolonne-tourisme.com

■ Parken: siehe S. 107

Als geschützter Naturhafen wurde die Stadt 1218 gegründet, nachdem Mönche sich hier zuvor niedergelassen hatten. Allmählich wurde die Stadt befestigt und der Walfang wurde zwischen dem 12. und 15. Jh. zur Haupteinnahmequelle. Im 17. Jh. stieg man erfolgreich auf den Kabeljaufang um. Der Reichtum des Ortes lässt sich auch an der Kirche Notre-Dame de Bon Port und der trutzigen Tour d'Arundel ablesen. Im 19. Jh. erreichte der Badetourismus und mit ihm die Eisenbahn die Stadt. Aus dieser Zeit stammt auch die nach Pariser Vorbild entworfene, sehenswerte Markthalle.

Sehenswert

Notre-Dame du Bon Port

| Kirche |

Die glatte Fassade der Kirche lässt die schönen Renaissanceportale zur Geltung kommen. Seltsamerweise ist das Innere in gotischen Formen gestaltet. Doch die Kirche wurde erst im Auftrag Kardinal Richelieus, der Bischof im nahen Luçon war, ab 1646 errichtet. Aus dieser Zeit stammt der barocke Hochaltar, ein sprechendes Beispiel der Gegenreformation. Der Volksglaube findet Ausdruck in den vielen Schiffsmodellen und der Seitenkapelle mit einer Marienstatue, die man um Schutz für Seeleute anflehte.

■ Rue de l'église, 9–12, 14.30–19 Uhr

Marché des Halles Centrales

| Markthalle |

Wo bis Anfang des 19. Jh. noch ein kleiner Friedhof lag, entstand um 1810 die erste Markthalle. 1890 war es die Firma Michelin, die die Errichtung einer neuen, ganz nach dem Vorbild der berühmten, 1850 von Baltard erbauten Pariser Hallen finanzierte. Die Kombination aus Backstein, viel Glas und vor allem einer filigranen Eisenkonstruktion überzeugt noch heute. Dass allerdings eine Rolltreppe im Innern zur umlaufenden ersten Etage hinaufführt, hätten die Denkmalpfleger vielleicht verbieten sollen.

■ Rue des Halles, Di–So 8–13 Uhr, tgl. Juli/Aug.

Tour d'Arundel

| Aussichtsturm |

Im 15. Jh. von den Herren des nahen Talmont am Hafeneingang erbaut,

Im Blickpunkt

Vendée Globe: ganz allein um die Welt

Am 10. November 2024 ist es wieder so weit: Alle vier Jahre startet die härteste Einhandregatta der Welt im Hafen von Les Sables-d'Olonne, bei der knapp 24 000 Seemeilen nonstop zurückgelegt werden müssen. Bei der 9. Vendée Globe 2020/21 wurden sechs der 33 Segelboote von Frauen gesteuert. Nicht allen Teinehmenden gelang die Weltumseglung. Einige mussten wegen Schäden an ihren hochtechnisierten Rennseglern oder wegen Kollisionen mit Pottwalen oder Treibgut vorzeitig aufgeben. Der Gewinner, der Franzose Yannick Bestaven, schaffte den gefährlichen Törn in 80 Tagen, 3 Stunden, 44 Minuten und 46 Sekunden.

Nach Pariser Vorbild erbaut: die Markthalle von Les Sables-d'Olonne

wurde die Burg samt Arundel-Turm Anfang des 17. Jh. von den Protestanten gewaltig verstärkt. Auf dem Turm wurde 1804 ein Leuchtfeuer für die Schifffahrt installiert. Von der obersten Plattform fasziniert der Panoramablick auf die Altstadt von Les Sables am gegenüberliegenden Ufer und natürlich das Meer. ■ Place Maraud (Quartier La Chaume), April–Sept. 10–12, 15–18 Uhr, 3 € (Zugang durch das Musée de la Mer)

Parken

Neben der Tour d'Arundel, an der Place Anselme Maraud, befindet sich ein Parkplatz. Etwas weiter nördlich, am Quai Georges V, dient die Fähre der Linie A (Le Passeur) als Verbindung zur Innenstadt (www.navettesmaritimes-lso.fr). In der Stadt liegt der größte Parkplatz am Quai Dingler, der Tour d'Arundel genau gegenüber.

19 Avrillé

Dinosaurier, Piraten und Menhire erwarten Besucher im Dorf

Information

■ Bureau d'information touristique, 2, place des Halles, 85440 Avrillé, Tel. 02 51 22 30 70, www.avrille85.fr

Zentral im kleinen Ort ist die einst über einem merowingischen Friedhof entstandene Place des Halles, der Marktplatz. Die schöne offene Markthalle stammt von 1858. Nur wenige Schritte entfernt ragt einer der größten Menhire der Vendée auf. An der Straße nach Les Sables d'Olonne liegt das Château de la Guignardière aus der Renaissance, dessen aktueller Besitzer einen beliebten Abenteuerpark für Kinder auf seiner Domaine angelegt hat.

Sehenswert

Menhir du Camp de César

| Menhir |

Die Sensation von Avrillé ist der über 7 m hohe Menhir du Camp de César, der ca. 85 t auf die Waage bringt. Er entging dem Schicksal vieler neolithischer Menhire, die zerschlagen und für den Hausbau verwendet wurden. Heute gehört der »Roi des Menhirs« zu den größten Frankreichs. ■ Rue Georges Clemenceau, im Garten des Bürgermeisteramtes

Dolmen de la Frebouchère

| Dolmen |

Dieser »Steintisch« ist der größte der Region mit seinen acht Tragsteinen und der gewaltigen, wohl vom Blitz gespaltenen Deckplatte (fast 100 t). Wie die meisten Dolmen war auch dieser sicher einst von einem Erdhügel bedeckt, der zu Bestattungsriten nur einen vorderen Eingang besaß. Heute kann man bequem ins Innere des 6000 Jahre alten Dolmen vordringen.
■ Von Norden kommend, kurz vor Le Bernard von der D 91 rechts abbiegen.

Kinder

CAIRN Préhisto'site Fragen zu Menhiren und Dolmen kommen bestimmt. Auf spielerische Art wird hier Kindern die Welt des Neolithikums nähergebracht. ■ St-Hilaire-la-Forêt, 17, rue de la Courolle, Tel. 02 51 33 38 38, www.cairn-prehistoire.com, saisonale Öffnungszeiten im Internet, 6,50 €, 5–14 J. 5,50 €, Juli/Aug. 8 €, 5–14 J. 7 €

Château Aventuriers Dinosaurier und Piraten verstecken sich im weitläufigen Park des Château de la Guignardière, auch »Abenteuerschloss« genannt. Während die Kinder ihren Spuren folgen, können ihre Eltern im historischen Schlossbau in die Welt der Renaissance eintauchen. ■ Route des Sables d'Olonne, Tel. 02 51 22 33 06, www.chateau-aventuriers.com, saisonale Öffnungszeiten im Internet

In der Umgebung

Plage des Conches

| Strand |

Allein am goldgelben Sandstrand, zumindest außerhalb der Ferien

Der lange Strand wird durch einen Wald mit Kiefern und immergrünen Steineichen vom Hinterland abgetrennt, keine Uferpromenade stört das Bild. Er erstreckt sich mehrere Kilometer bis zur nächsten Ansiedlung Tranche-sur-Mer im Süden. Unterwegs passiert man einige Surfschulen, im Hochsommer heißt es hier Slalomlaufen zwischen den Sonnenanbetern am vielleicht schönsten Strand der Vendée.
■ Ausgeschildert ab D 105

20 Marais Poitevin

Unzählige Kanäle prägen das »Grüne Venedig«

Information

■ Office de Tourisme, rue du docteur Daroux, 85420 Maillezais, Tel. 02 51 87 23 01, www.maraispoitevin-vendee.com

Wo sich das Meer zurückzog, blieben weite Sumpfgebiete (»marais«). Schon die Mönche im Mittelalter erkannten den Nutzen einer Trockenlegung bzw. Kanalisierung. So konnte sich hier Landwirtschaft entwickeln, für deren Bewässerung mit der Drainage bereits gesorgt war. Heute ziehen v. a. die flachen Boote, mit denen man ab Coulon oder Maillezais durch die Kanäle gleiten kann, Besucher ins Marais Poitevin.

Sehenswert

Abbaye de Nieul-sur-l'Autise

| Abtei |

Die große Abteikirche mit Glockenturm (19. Jh.) ist kaum zu übersehen. Die Abtei entwickelte sich seit dem 12. Jh. zum königlichen Bau, denn Ludwig VII., Eleonore von Aquitaniens erster Ehemann, nahm sie unter königlichen Schutz. Seine Frau war hier 1122 geboren worden. Sehenswert ist der romanische Kreuzgang, aber auch die Abteikirche, deren Langhauspfeiler im Innern sich gefährlich neigen. Stützen am Außenbau geben Halt. Im Museum wird die Zeit Eleonores dank geschicktem Technikeinsatz lebendig.

■ 1, allée du Cloître, 85240 Nieul-sur-l'Autise, Tel. 02 51 53 66 66, www.nossites.vendee.fr/abbaye-de-nieul-sur-lautise, Okt.–März Mi–Mo 10–12.30 und 14–18, April/Mai und Sept. tgl. 10–12.30, 13.30–18, Juni–Aug. 10–19 Uhr, 6 €, 12–25 J. 4 €, unter 12 J. frei

Abbaye St-Pierre de Maillezais

| Klosterruine |

Schon die Dimensionen der Ruine spiegeln die einstige Bedeutung dieser Abtei. Bereits im 11. Jh. ließen sich hier die Herzöge von Aquitanien bestatten. Schließlich stieg sie 1317 zum Bischofssitz auf. Aus der Zeit der Gotik stammen die noch erhaltene Nordwand des Langhauses und die gewaltigen Maßwerkfenster des Querhauses. Das Westwerk lässt sich besteigen und bietet Fotografen fantastische Perspektiven. Die Zerstörung der Anlage begann während der Religionskriege

Die Sumpflandschaft Marais Poitevin ist ideal für wunderschöne Bootfahrten

und die Hugenotten konnten sie sich als Stützpunkt sichern. Im Sommer locken Aufführungen in historischen Kostümen Besucher an.

■ 85420 Maillezais, Tel. 02 51 53 66 80, www.nossites.vendee.fr/abbaye-de-maillezais, März, Okt.–Mitte Nov. Mi–Mo 10–12.30, 14–18, April/Mai und Sept. tgl. 10–12.30, 13.30–18, Juni–Aug. 10–19 Uhr, 6 €, 12–25 J. 4 €, unter 12 J. frei

Coulon

| Hafen |

Der malerische Ort an der Sèvre Niortaise ist das Zentrum des »Grünen Venedig«. Am Flussufer legen die Barken zu den Kanälen ab. In der Maison du Marais Poitevin lassen sich Entstehung und Bedeutung des Feuchtgebiets studieren. Hier erfährt man Erstaunliches über Aale, Zugvögel oder den Bau der typischen Flachboote. Die massive Dorfkirche Ste-Trinité vereint eine seltsame Mischung aus romanischen und gotischen Elementen.

■ Maison du Marais poitevin, 5, place de la Coutume, 79510 Coulon, Tel. 05 49 35 81 04, www.maison-marais-poitevin.fr, April–Anf. Juli tgl. 10–13, 14–18.30, Juli/Aug. bis 19.30 Uhr, 7,50 €, 6–12 J. 4 €

Die Ruine der ehemaligen Benediktinerabtei St-Pierre de Maillezais

Verkehrsmittel

Boot Bootsfahrten im Marais Poitvin sind von der Abbaye St.-Pierre de Maillezais aus und in Coulon möglich.

■ Embarcadère de l'Abbaye, Le Vieux Port, 85420 Maillezais (neben der Abbaye de Maillezais), Tel. 02 51 87 21 87, www.marais-poitevin-tourisme.com, April–Anf. Nov., April–Juni, Sept. 10–12, 14–18, Juli/Aug. 10–19, Okt. 10–12, 14–16 Uhr, ab 17 €/Pers. (mit Schiffer), 1–3 Std.

■ La Trigale, 6, rue de l'Église, 79510 Coulon, Tel. 05 49 35 14 14, www.lemaraispoitevin.fr, mit »batelier« (Schiffer) ab 15 €/Pers., ohne »batelier« 25 €/Boot

Restaurants

€ | Auberge de l'Abbaye Hier wird es ernst mit den Spezialitäten des Marais, denn auf der Karte stehen Aal, Froschschenkel und Schnecken.

■ Impasse du Petit Versailles, 85420 Maillezais, Tel. 02 51 87 25 07, www.auberge-de-abbaye-85.fr, April–Okt. Di–So 12–14, Fr/Sa auch 19.30–21 Uhr

€€ | Le Central Tiefenentspannt vom Bootsausflug zurückgekehrt, kann man sich in diesem gediegenen Restaurant verwöhnen lassen.

■ 4, rue d'Autremont, 79510 Coulon, Tel. 05 49 35 90 20, www.hotel-lecentral-coulon.com, Di–So mittags 12–13.30, 19.45–21 Uhr

Übernachten

Die Auswahl an Hotels ist in Poitiers nicht übermäßig. Eine große Hoteldichte bietet hingegen der erfolgreiche Themenpark Futuroscope. In den Dörfern und kleinen Städten des Marais Poitevin überwiegen kleine, familiäre Hotels, die häufig auch eine gute Küche bieten. Die touristische Infrastruktur nimmt stetig zu, je näher man der Atlantikküste kommt. So gibt es in Les Sables-d'Olonne Angebote für jeden Geldbeutel, während auf der Île de Noirmoutier und der Île d'Yeu die Preise höher liegen.

Poitiers 94

€ | Hotel de l'Europe Unweit der Fußgängerzone liegt das Hotel in einem renovierten Altbau, dessen Charme bewahrt wurde. Die Zimmer sind elegant in gedeckten Farben gehalten. ■ 39, rue Carnot, 86000 Poitiers, Tel. 05 49 88 12 00, www.hotel-europe-poitiers.com

€€ | Grand Hotel Das Hotel in der Fußgängerzone ist großzügig um einen Innenhof herum angelegt. Auch bei der Zimmergröße machen sich die vier Sterne des Hauses durchaus bemerkbar. ■ 28, rue Carnot, 86000 Poitiers, Tel. 05 49 60 90 60, www.grandhotelpoitiers.fr

Île de Noirmoutier 100

€ | Hotel des Dunes Sehr korrektes Hotel mit einigen frisch renovierten Zimmern, die Blick aufs Meer bieten. ■ 6, rue de la Tresson, 85680 La Guérinière, Tel. 02 51 39 82 77, www.hoteldesdunesnoirmoutier.com

11 **€€ | Les Prateaux** Das Hotel liegt idyllisch im Wald und doch nur zwei Minuten vom Strand entfernt. Von außen ist es im Landhausstil gehalten, die Zimmer sind jedoch modern und zweckmäßig eingerichtet. ■ Bois de la Chaize, 8, allée du Tambourin, 85330 Noirmoutier-en-l'Île, Tel. 02 51 39 12 52, www.lesprateaux.com

Île d'Yeu 103

€ | Atlantic Das Hotel ist genau an der Hafenfront und kurioserweise auch direkt über einem Fischgeschäft gelegen. Für authentische Atmosphäre ist also gesorgt. ■ Quai Carnot, 85350 Port Joinville, Tel. 02 51 58 38 80, www.hotel-yeu.com

Les Sables-d'Olonne 105

€ | Arc en Ciel Der Name ist Konzept, das »Regenbogen«-Hotel präsentiert sich poppig bunt, die Zimmer sind nach Themen eingerichtet. Frühstück gibt es im Jugendstilsaal. ■ 13, rue Chanzy, 85100 Les Sables-d'Olonne, Tel. 02 51 96 92 50, www.arcencielhotel.com

€ | Les Roches Noires Südlich des Zentrums an der Uferpromenade gelegen, bietet dieses Hotel Zimmer mit Meerblick. ■ 12, promenade Georges Clemenceau, 85100 Les Sables-d'Olonne, Tel. 02 51 32 01 71, www.hotel-lesrochesnoires.com

Charente-Maritime – Land der Austern und Festungen

Die Île de Ré, Île d'Oléron und Île d'Aix bieten Inselfreuden und an Land locken La Rochelle, Saintes oder Rochefort mit viel Flair

Wie Bordeaux in der Gironde ist La Rochelle die bevölkerungs- und abwechslungsreichste Stadt im Département Charente-Maritime. Als Tor zur exklusiven Île de Ré mit den Festungsbauten Vaubans fasziniert La Rochelle durch einen atmosphärischen Hafen und eine gepflegte Altstadt. Wie kein anderes Département am Atlantik besitzt die Charente-Maritime mehrere sehenswerte Inseln von der winzigen, geschichtsträchtigen Île d'Aix bis zur großen, von der Austernzucht lebenden Île d'Oléron. Erstaunliche Überreste aus Römerzeit und Romanik sind im beschaulichen Saintes erhalten. Und das Inland bietet Überraschungen in Aulnay und im berühmten Cognac. Die Anzahl der Leuchttürme übertrifft viele andere Küstenstriche und der prachtvolle Phare de Cordouan im Mündungstrichter der Gironde gilt das »Versailles des Meeres«.

In diesem Kapitel:

ADAC Top Tipps:

Phare de Cordouan
| Leuchtturm |

Weit draußen vor der Einfahrt in die Gironde bleibt er auf Abstand zur Küste: der Phare de Cordouan, der älteste und mit Sicherheit architektonisch eleganteste Leuchtturm Europas. 129

Église Ste-Radegonde, Talmont-sur-Gironde
| Kirche |

Hart an der Felsenkante der Uferklippen der Gironde – spektakulärer und fotogener könnte dieses kleine Juwel romanischer Kirchenbaukunst nicht liegen. 130

ADAC Empfehlungen:

La Rochelle
| Stadtbild |
Hafenkulisse und Altstadt gehören zum Schönsten, was die französische Atlantikküste zu bieten hat. 114

Les Flots, La Rochelle
| Restaurant |
Hochpreisig, aber von bester Qualität: Hier lassen sich Freunde ausgefallener Fischgerichte verwöhnen. 119

St-Martin-de-Ré
| Stadtbild |
Malerischer kann ein kleiner Fischerort kaum sein, auch wenn es hier sicher mehr Touristen als Fischer gibt. 120

Église Notre-Dame, Royan
| Kirche |
Was man aus Stahlbeton alles machen kann, zeigt diese Kirche aus der Nachkriegszeit mit ihrem beeindruckenden Innenraum. 127

Phare de la Coubre
| Leuchtturm |
Bis in schwindelnde Höhe führt eine schmale Wendeltreppe, aber der Ausblick vom historischen Leuchtturm nahe Royan lohnt sich wirklich. 129

Arc de Germanicus, Saintes
| Stadttor |
Der gut erhaltene römische Bogen aus dem 1. Jh. markierte in der Antike den Zugang zur Stadt. 132

21 La Rochelle

Die attraktive Küstenstadt lockt mit kulturellen Highlights

Die imposante, turmbewehrte Hafeneinfahrt von La Rochelle

Information

- Office de Tourisme, 2, quai Georges Simenon – Le Gabut, 17000 La Rochelle, Tel. 05 46 41 14 68, www.larochelle-tourisme.com
- Parken: siehe S. 119

Die einstige Hugenotten-Hochburg ist eine weltoffene Stadt

In der Geschichte galt La Rochelle immer als rebellisch und war stets darauf bedacht, Handelsprivilegien oder auch hugenottische Gesinnung entschlossen zu verteidigen. Reich geworden durch den Handel mit Wein und Salz nach England und Flandern, aber auch mit Fellen aus Kanada und Zucker und Sklaven von den Antillen, verlor La Rochelle seine Platz schließlich an Nantes und vor allem an Bordeaux. Während der Religionskriege wurde die Stadt als Hochburg der Reformierten mehrfach belagert. La Rochelle, das heute als dynamisch, umweltbewusst und kulturell aktiv gilt, ist eine noch junge Universitätsstadt, die im Hochsommer enorme Touristenströme anzieht. Sie kommen nicht nur wegen der lebendigen Atmosphäre am alten Hafen mit seinen imposanten Verteidigungsanlagen oder wegen des ultramodernen Aquariums in die Stadt, sondern auch

Plan S. 116

wegen des beeindruckenden Rathauses und der schönen Altstadtgassen.

Sehenswert

Tour St-Nicolas

| Turm |

Er ist der imposanteste der drei befestigten Türme, die die Hafeneinfahrt seit dem 14. Jh. bewachen. Auf der Wasserseite erkennt man an der Außenmauer den Ansatz zu einem gewaltigen Bogen, mit dem einst der Kanal hätte überspannt werden sollen. Im Innern versteckt sich ein Labyrinth von Gängen und Treppen, die die drei Etagen miteinander verbinden. Der Turm diente nicht nur zur Verteidigung, sondern war auch ein Wohnturm, worauf eine kleine Kapelle, Latrinen und der prächtige mit Kreuzrippen gewölbte Saal hindeuten.

■ Vieux port, rue de l'Archimede, www.tours-la-rochelle.fr, tgl. 10–13, 14.15–17.30, April–Sept. bis 18.30 Uhr, 9,50 €, unter 26 J. frei. Alle drei Türme sind mit einem Ticket zu besuchen.

Tour de la Chaîne

| Turm |

Der Name weist auf die einstige Bedeutung des Turms hin. Von hier aus wurde die Hafenkette (»chaîne«) zum anderen Ufer gespannt, um den Hafen nachts zu schließen. Drei Etagen bietet der Kettenturm, doch er war noch deutlich höher, bevor eine Explosion die oberen 15 m wegsprengte. Im heutigen Empfangssaal, füher ein Wohnraum, werden Wechselausstellungen gezeigt.

■ Place de la chaîne

Tour de la Laterne

| Turm |

Der Turm ist der letzte noch existierende Leuchtturm des ausgehenden Mit-

ADAC Spartipp

Der **La Rochelle Océan Pass** berechtigt zum freien Besuch aller Museen und zur kostenlosen Nutzung des ÖPNV. Der Pass gilt 2, 3 oder 7 Tage und kostet 44, 57 oder 75 €. App: La Rochelle Ocean Pass oder über *www.larochelle-tourisme.com*

telalters an der Atlantikküste. Im 15. Jh. hatte man in seiner bis über 55 m aufragende Spitze ein Leuchtfeuer installiert, das den heutigen Namen »Laternenturm« erklärt. Seit dem 16. Jh. war er für mehrere Jahrhunderte ein Gefängnis. Aus dieser Epoche stammen die vielen von Insassen in die Wände geritzten Graffitis, die sich vor allem um die Seefahrt drehen. Im Innern des Turmes liegen acht Ebenen und der oberste Austritt bietet eine fantastische Aussicht.

■ 60, rue sur les murs

4 Rue de l'Escale

| Straßenzug |

Die einzige Straße in La Rochelle, in der die originale Pflasterung noch erhalten ist. Auf der Fahrbahn fallen zwei parallele Streifen mit unregelmäßigen Steinen auf. Diese dienten einst als Ballast zum Stabilisieren in Schiffen. Gut erhalten sind auch die lang gestreckten Arkaden aus dem 18. Jh., unter denen die Anwohner bei Regenwetter geschützt flanieren konnten.

5 Maison Henri II

| Architektur |

Auch wenn der Name es denken lässt, der französische König Heinrich II. hat nie hier residiert. Ihm zu Ehren erscheint jedoch sein Monogramm an einigen Stellen, da das Gebäude, das aus zwei mit einer doppelstöckigen Galerie verbundenen Pavillons besteht, während seiner Regierungszeit 1555 errichtet wurde. Viele akkurat aus dem Stein herausgearbeitete Details wie kleine Figuren oder Masken sind zu bestaunen. Die offene Loggia hat die französische Renaissancearchitektur eindeutig den italienischen Baumeistern abgeschaut.

■ 11 bis, rue des Augustins

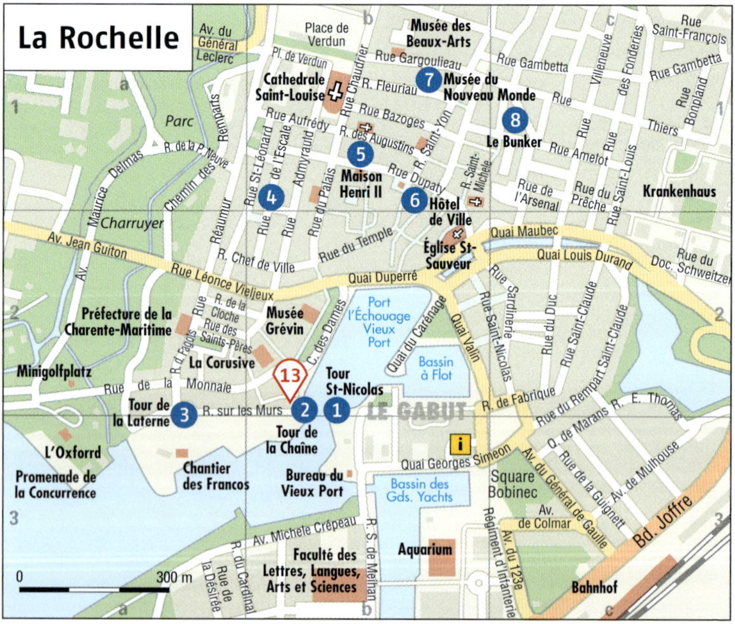

Das vielleicht schönste Rathaus in Frankreich: das Hôtel de Ville von La Rochelle

 Hôtel de Ville

| Architektur |

Von außen sieht das Rathaus wie eine Festung aus dem 15. Jh. aus. Die hohen Mauern sind mit Maschikulis, Zinnen und Ecktürmen besetzt. Tritt man durch das spätgotische Haupttor im großen Innenhof, entfaltet sich jedoch eine prachtvolle Renaissance-Architektur mit Loggien, Freitreppen und monumentalen Figuren. Hier trifft man auf einen »guten Freund« der Einwohner von La Rochelle zur Zeit der Religionskriege. Der spätere Heinrich IV. posiert als farbiges Standbild unter einer Arkade. Er erließ 1598 das Edikt von Nantes, das den Hugenotten Religionsfreiheit zusicherte. Überall tauchen die Initialen Heinrichs und seiner Frau Maria von Medici auf. Im Juni 2013 wurde der Bau, der als eines der schönsten Rathäuser in Frankreich gilt, bei einem Großbrand stark beschädigt, aber alle Kunstschätze wurden gerettet.

■ 3, place de l'Hôtel de ville

 Musée du Nouveau Monde

| Museum |

Der Hafen von La Rochelle war für viele Auswanderer oft das letzte Stück Heimat, das sie sahen, bevor die Schiffe sie in die neue Welt (»nouveau monde«) brachten. Der Auswanderungswelle zwischen dem 16. und dem 19. Jh. widmet sich das Museum, das in einem Palais des 18. Jh. untergebracht ist. Es

ADAC Mobil

Bereits seit über 30 Jahren gibt es in La Rochelle die »gelben Fahrräder«. Nach der Einschreibung per App (freebike) oder über freebike.paryelo.fr können 700 Räder an 100 Stationen benutzt werden. Wer bis zu 30 Min. auf dem Sattel sitzt, bezahlt 1 €, danach kostet jede weitere halbe Stunde 1,50 €.
www.yelo-larochelle.fr

Plan S. 116

ADAC Mobil

In La Rochelle kann die Parkplatzsuche zu einer nervenaufreibenden Angelegenheit werden. Am südlichen Jachthafen Minimes zu parken und mit dem solargetriebenen **»bus de mer«** in den alten Hafen einzulaufen, dauert ca. 20 Min. Anlegestelle neben der Tour de la Chaîne, April, Mai u. Sept. stdl. 10–19 (außer 13, Juni ab 9), Juli/Aug. alle 30 Min. 9–23.30, Okt.–März nur an Wochenenden 10–18 (außer 13) Uhr, 3 €
www.larochelle.fr/vie-quotidienne/transports-deplacements/passeur-et-bus-de-mer

gehörte einem reichen Plantagenbesitzer von St-Domingue, dem heutigen Haiti, wo die Franzosen Kolonien besaßen. La Rochelle war ein bedeutender Handelshafen mit Routen nach Kanada, Louisiana und zu den Antillen. Malereien, Zeichnungen, alte Schiffs- und Landkarten, sogar erste Fotos aus Übersee werden gezeigt. Auch der sogenannte Dreieckshandel mit Sklaven wird behandelt.

■ 10, rue Fleuriau, Tel. 05 46 41 46 50, museedunouveaumonde.larochelle.fr, Mo, Mi–Fr, So 10–12.30, 13.30–17.30, Sa 13.30–17.30, während der Schulferien 10–18, Sa 14–18 Uhr, 8 €, unter 18 J. frei

8 Le Bunker

| Architektur |

Seit einigen Jahren ist ein 280 m² großer Bunker zugänglich, der den Kommandanten der deutschen U-Bootflotte im Zweiten Weltkrieg als Unterschlupf diente und nach dem Krieg in

Faszinierende Unterwasserwelten im Aquarium von La Rochelle

Vergessenheit geraten war. Er wurde 1941 mitten in der Stadt aus Beton gegossen und bot Schlafplätze für fast 70 Soldaten sowie eine geräumige, mit Fresken verzierte Bar. Heute ist dort ein ungewöhnliches Museum untergebracht, das sich dem düsteren Kapitel der deutschen Besatzung in La Rochelle stellt. ■ 8, rue des Dames, Tel. 0546425289, www.bunkerlarochelle.com, April–Sept. tgl. 10–19, Okt., Nov., Dez., Feb., März 10–18 Uhr, 9 €, 5–12 J. 6,50 €

Parken

Der kostenpflichtige Parkplatz Vieux Port Ouest befindet sich an der Esplanade St-Jean d'Acre mit Zufahrt direkt neben der Tour de la Laterne, Plan S. 116 b3.

Restaurants

€€ | Annette Moderne Bistroküche vom Feinsten und meist aus der Gegend, bei der Fischgerichte natürlich nicht fehlen, zu moderaten Preisen. ■ 14, rue Bletterie, www.bistrot-annette.fr, Tel. 0682248677, Di–Sa 12–13.30, 19–21.30 Uhr, Plan S. 116 b2

13 **€€€ | Les Flots** Das Restaurant gehört zu den ersten Adressen in La Rochelle. Der Hafen mit der Tour de la Chaîne liegt vor der Tür und auf den Teller kommen exzellente Fischgerichte, die die Speisekarte dominieren. ■ 1, rue de la chaîne, www.les-flots.com, Tel. 0546413251, 12.15–14, 19.30–22 Uhr, Plan S. 116 b2

Einkaufen

Die alte Markthalle aus dem 19. Jh. ist tgl. bis 13.30 Uhr geöffnet. Am Mittwoch-, Samstag- und Sonntagvormittag erstrecken sich noch mehr Lebensmittelstände auf dem Platz vor und in den Gassen um die Markthalle.
■ Rue Gambetta, Plan S. 116 c1

Gefällt Ihnen das?

Dann fahren Sie doch nach **Marennes** (S. 124) und probieren Sie die glibberigen Meeresbewohner – die Austern – in ihrem Zuhause, dem größten Zuchtgebiet Europas. Anschließend besuchen Sie **Cognac** (S. 134), vielleicht brauchen Sie nach dem Austernschlürfen dringend ein Glas des berühmten Weinbrands.

Kinder

Vom viel bestaunten Haifischbecken über den Quallentunnel, farbenfrohe Aquarien und Unterwasserwelten des Mittelmeeres bis hin zu indonesischen Korallenbänken reicht das Spektrum der über 60 Bassins im Aquarium von La Rochelle, das zu den größten Aquarien in Europa gehört. ■ Quai Louis Prunier, Tel. 0546340000, www.aquarium-larochelle.com, Okt.–März tgl. 10–20, April–Juni, Sept. 9–20, Juli/Aug. 9–23 Uhr, 17,50 €, 3–17 J. 12,50 €, Plan S. 116 b3

Events

Das Mitte Juli am alten Hafen von La Rochelle stattfindende Musikfestival Francofolies wurde 1985 gegründet. Der Name spielt auf den Begriff »Francophonie« an, mit dem der französische Sprachraum gemeint ist. Es treten ausschließlich Künstler und Künstlerinnen aus Frankreich und frankophonen Ländern auf. ■ www.francofolie.fr

22 Île de Ré

Die Insel ist schon lange einer der teuersten Flecken Frankreichs

Information

■ Office de Tourisme, 2, Avenue Victor Bouthillier, 17410 Saint-Martin-de-Ré, Tel. 05 46 09 00 55, www.iledere.com

Seit 1988 ist die Insel durch eine 3 km lange Brücke mit dem Festland bei La Rochelle verbunden. Die Immobilienpreise schossen seitdem in die Höhe und liegen mit über 4000 €/m² etwa bei denen einiger Außenbezirke von Paris. Malerische Dörfer und mildes Klima haben hier weit mehr Zweit- als Hauptwohnsitze entstehen lassen. Dass sich die Einwohnerzahl im Sommer im Vergleich zum Winter verachtfacht, scheint niemanden zu stören. Die kleinen Orte mit ihren niedrigen, weiß getünchten, von Stockrosen eingefassten Häusern wie St-Martin-en-Ré, La Flotte oder Ars locken die Besucher ebenso wie der stolze Leuchtturm an der Nordspitze der Insel und einige feinsandige Strände.

Sehenswert

Notre-Dame-des-Châteliers

| Klosterruine |

Die eindrucksvolle Ruine dieser 1178 gegründeten Zisterzienserabtei liegen malerisch vor dem Hintergrund des Meeres. Ganze fünf Mal wurde sie von den Engländern zerstört und immer wieder erneuert. Nachdem die Substanz des überwiegend im gotischen Stil errichteten Baus auch während der Religionskriege schwer litt, wurde sie schließlich 1623 aufgegeben, um heute als beliebtes Fotomotiv zu dienen.

■ Kurz vor La Flotte an der D 735 auf dem Weg nach St-Martin-en-Ré

St-Martin-de-Ré

| Stadtbild |

Ein Hauch von St-Tropez weht durch den kleinen Hafen

Der Hauptort der Insel bot der Bevölkerung innerhalb seiner Mauern Schutz bei Angriffen. Ende des 17. Jh. verstärkte Vauban die Befestigungsanlagen, die bis heute den Ort mächtig umschließen. Die Zitadelle am östlichen Ortsrand dient immer noch als Gefängnis. Über 200 Jahre wurden von hier

Im Blickpunkt

Salz: das weiße Gold

In den Wörtern »Sold« oder »Salär« (frz. »salaire«) steckt noch »salare«, was einst die Bezahlung in Salz bedeutete. Über Jahrtausende war Salz knapp und somit wertvoller als Gold. Nahrungsmittel wurden mit Salz haltbar gemacht, gepökelt oder fermentiert. Erst im 19. Jh. konnte durch moderne Technik Salz im Überfluss produziert werden. Auf der Île de Ré werden heute von knapp 90 Salzgärtnern 2000 t grobes und 150 t Fleur de Sel jährlich erzeugt. Einst waren es über 30 000 t. Die Technik, mit der zwischen Juni und September in den Salzgärten (Salinen) das Salz durch Verdunstung von Meerwasser gewonnen wird, hat sich im Laufe der Jahrhunderte nur wenig verändert.

Die Plage du Petit Bec auf der als Wohnsitz äußerst begehrten Île de Ré

Gefangene in die Strafkolonie nach Französisch-Guyana in Südamerika verschifft. Mitten im Hafen liegt eine kleine, dicht bebaute Insel, die über eine Brücke zu erreichen ist. Hier und am Quai de la Poithevinière drängen sich die Café- und Restaurantterrassen. Eine weitere Attraktion ist die im 15. Jh. errichtete befestigte Kirche. Den grandiosen Blick von der Turmspitze aus bekommt geboten, wer zuvor 170 Stufen hinaufsteigt. ■ rue du Palais, clocher observatoire.wixsite.com/clocher-observatoire, ab 10 Uhr bis Sonnenuntergang, Juli/Aug. bis 23 Uhr, 2 €, Kinder 1 €

Phare des Baleines

| Leuchtturm |

Direkt an der Westspitze der Île de Ré stehen zwei Leuchttürme, wobei der kleinere bereits auf Befehl Colberts Ende des 17. Jh. mit Zinnen bewehrt errichtet wurde. Der 57 m hohe Phare des Baleines von 1854 gibt Leuchtzeichen bis in über 50 km Entfernung. Wem die 257 Stufen hinauf zu beschwerlich sind, dem bleibt der Besuch des kleinen Museums zu Geschichte und Bauweise der beiden Leuchttürme im Turmsockel. Östlich liegt der schöne und geschützte Strand Conche des Baleines. ■ 155, route du Phare, Tel. 05 46 29 18 23, www.pharedesbaleines.com, April–Juni tgl. 10–19, Juli–Aug. 9.30–21, Sept. 10–18.30, Okt.–März 10.30–17.30 Uhr, Grand Phare 4,35 €, 7–12 J. 2,85 €

Verkehrsmittel

Boot Croisières Inter-Îles bietet Schiffsfahrten von La Rochelle zu den Inseln Île de Ré, Île d'Oléron oder Île d'Aix an oder auch die Umrundung der nicht zugänglichen Festungsinsel Fort Boyard. ■ Croisières Inter-Îles, Tel. 05 46 50 55 54, www.inter-iles.com, Anlegestelle und Tickets: Vieux Port, cours des Dames, Fahrpläne und Preise im Internet

Restaurants

€ | Le Bistrot du Marin Uriges Hafenbistrot mit ständig wechselnder Karte. Fischgerichte, aber auch Hausmannskost, serviert mit herrlichem Hafenblick. ■ 10, Quai Nicolas Baudin, St-Martin de Ré, Tel. 05 46 68 74 66, tgl. außer Mi und Do ab 8 Uhr

23 Île d'Aix

Auf der winzigen Insel verbrachte Napoleon schwere Stunden

Information

■ Office de tourisme,6 rue Gourgaud, 17123 Île d'Aix, Tel. 05 46 99 08 60, www.iledaix.fr/tourisme-35

Zur Römerzeit war die Insel bei Ebbe vom Festland aus noch zu Fuß zu erreichen. Heute kommen Besucher mit der Fähre, um den schönen Weststrand zu genießen oder Napoleon zu huldigen. Das Eiland misst gerade einmal 3 km in der Länge und maximal 600 m in der Breite und doch kam es zu Berühmtheit, da Napoleon hier die letzten vier Nächte vor seiner englischen Gefangenschaft verbrachte. Zuvor hatte er bereits für die Befestigung der Insel gesorgt. Ein schönes Fotomotiv sind die beiden rot-weißen Zwillingsleuchttürme im Südwesten.

Sehenswert

Musée Napoléonien
| Museum |
1808 überzeugte sich Napoleon erstmals von den Befestigungsanlagen auf der Insel, deren Bau er befohlen hatte. 1815 kehrte er auf die Île d'Aix zurück, kurz bevor er sich in die Gefangenschaft auf St-Helena begab. Das stattliche Haus, das alle Nachbargebäude überragt, wurde später von einem Napoleon-Verehrer erstanden und in ein Museum verwandelt. Zu sehen sind Waffen, eine Totenmaske, Napoleonbüsten und etliche wertvolle Pendeluhren, deren Zeiger alle 5.49 Uhr anzeigen – die Todesstunde Napoleons, der am 5. Mai 1821 im fernen Südatlantik starb.
■ rue Napoléon, Tel. 05 46 84 66 40, www.musees-nationaux-malmaison.fr/musees-napoleonien-africain, April–Sept. tgl. 9.30–12, 14–18, Okt.–März Di geschl., Nov.–März tgl. außer Di 9.30–12, 14–17 Uhr, 4,50 €, erm. 3 €

Verkehrsmittel

Fähre Die Insel, die 6 km vom Festland entfernt liegt, erreicht man am schnellsten (20 Min.) mit der Fähre von der Pointe de la Fumée in Fouras aus. Touristischer Autoverkehr ist auf der Insel verboten, nur einige wenige einheimische Autos fahren hier.
■ Société Fouras-Aix, Tel. 05 46 84 60 50, www.service-maritime-iledaix.com, tgl. 5–10 Überfahrten (Fahrpläne im Internet), saisonale Preise: 11,50–16,80 €, 11–18 J. 9,70–14,50 €, 4–10 J. 7,70–10,80 €

24 Rochefort

Hier entstand im 17 Jh. das Marinearsenal für die Flotte des Sonnenkönigs

Information

■ Office de tourisme, avenue Sadi Carnot, 17300 Rochefort, Tel. 05 46 99 08 60, www.rochefort-ocean.com
■ Parken: siehe S. 123

Geschützt in einer Schleife der Charente, bevor diese ins Meer mündet, liegt Rochefort. Vor dem 17. Jh. existierte hier die Burg Roccafortis. Colbert ließ ein Marinearsenal anlegen, in dem königliche Kriegsschiffe gebaut und gewartet wurden. Die Stadt entstand in einem schachbrettartigen Grundriss und beherbergte über 15 000 Marinesoldaten und Handwerker samt Familien. Erst 1926 wurde das Arsenal geschlossen. Nach den Zerstörungen des Krieges baute man die historischen Anlagen wieder auf, auch die »Corderie Royale«, die Seilerei. Anfang der 1990er-Jahre machte vor allem das Projekt der originalgetreuen Rekonstruktion der 1200 t schweren hölzernen Fregatte »Hermione« hier von sich reden (www.hermione.com). Mit ihr war General Lafayette 1778 in den amerikanischen Unabhängigkeitskrieg gesegelt. Auch die Replik ist seetauglich und sticht regelmäßig in See.

Sehenswert

Corderie Royale

| Museum |

Die über 500 zwischen 1666 und 1927 im Arsenal gebauten Kriegsschiffe benötigten auch Taue, die in der »königlichen Seilerei« gefertigt wurden. Das Gebäude der wieder aufgebauten Manufaktur misst fast 380 m, was zur Anfertigung der extrem langen Taue notwendig war. Heute können Besucher im Centre international de la Mer mehr über die damaligen Produktionsprozesse und die Geschichte der Seilerei erfahren.

■ Rue Jean-Baptiste Audebert, Tel. 05 46 87 01 90, www.corderie-royale.com, April–Juni und Sept. tgl. 10–13, 14–18, Juli/Aug. 10–19 Uhr, sonst Mo u. Di und Jan. geschl.

Musée Nationale de la Marine

| Museum |

Das Museum ist nach dem Pariser Marinemuseum das bedeutendste in Frankreich. Rocheforts Beitrag zur Geschichte der französischen Marine steht natürlich im Vordergrund und so wird hier das Modell des ersten französischen Unterseebootes von 1863 gezeigt. Von großem Interesse ist auch das Modell des Kriegsschiffs »Le Dauphin Royal«, das auf drei Batteriedecks über 100 Kanonen verfügte.

■ 1, place de la Gallissonnière, www.museemarine.fr/nos-musees/rochefort.html, April–Sept. tgl. 10–19, Okt.–März Mi–Mo 13.30–18 Uhr, 8 €, erm. 6 €, unter 26 J. frei

Parken

Riesiger Parkplatz an der Avenue du 3ème Régiment d'Infanterie Coloniale westlich der Innenstadt am Office de Tourisme.

25 Brouage

Die alte Zitadelle inmitten der Sümpfe war früher ein wichtiger Handelshafen

Information

■ Office de Tourisme, 2 rue de l'Hospital, 17320 Brouage, Tel. 05 46 85 19 16, www.hiers-brouage-tourisme.fr

Brouage liegt in Form eines achtzackigen Sterns in der flachen Landschaft. Der Umriss des Ortes geht auf königliche Baumeister zurück, unter ihnen auch Vauban. Sümpfe prägen die Landschaft, denn das Meer hat sich erst vor wenigen Jahrhunderten zurückgezogen. Einst konnten Schiffe ihre Salzladungen direkt vor den Toren aufnehmen und das »weiße Gold« bis nach Nordeuropa transportieren. Innerhalb der Stadtmauern existiert noch die Halle aux Vivres, ein langer Backsteinbau von 1631, in dem Lebensmittelvorräte wie Getreide, Wein, Stockfisch und Pökelfleisch gelagert wurden. Auch die lichtdurchflutete Kirche St-Pierre lohnt einen Besuch, sie liegt im Zentrum des schachbrettartig angelegten Ortes.

26 Marennes

Marennes und Oléron teilen sich Europas größte Austernproduktion

Information

■ Office de Tourisme, 22, rue Dubois Meynardie, 17320 Marennes, Tel. 05 46 85 65 23, www.tourisme-marennes.fr

»Pagus maritimensis«, auf Lateinisch »der Ort am Meer« – so hieß einst Marennes. Heute ist dieser Name nicht mehr sofort nachvollziehbar, denn inzwischen trennen Sumpfgebiete und unzählige Kanäle den Ort vom Meer. Hunderte von Austernzuchten bilden den Hauptwirtschaftsfaktor der Gegend. Die Rue des Martyrs, die parallel zur Fahrrinne des Chenal de Marennes zum kleinen Hafen von La Cayenne am Fluss Seudre hinunterführt, ist gesäumt von den meist hölzernen »cabanes des ostréiculteurs«, den kleinen Hütten der Austernzüchter. Auch der Blick vom 85 m hohen Turm der Kirche St-Pierre im Zentrum von Marennes fällt in Richtung Südwesten auf die Klärbecken der Austernzüchter. Direkt vor Ort lassen sich die begehrten Schalentiere probieren.

Wie eine Landschaft: die Austerbänke von Marennes

In der Umgebung

Fort Louvois

| Festung |

Allein die Lage der Ende des 17. Jh. errichteten Festung rechtfertigt einen Besuch. Bei Flut ragt sie nur wenige Hundert Meter vom Ufer entfernt aus dem Meer. Von der oberen Plattform des Bergfrieds bietet sich eine herrliche Aussicht auf Festland und Île d'Oléron.

■ Bei Ebbe über eine 400 m lange Chaussee zu erreichen, bei Flut mit dem Schiff, April und Okt. nur bei Ebbe geöffnet, sonst von 10.30–18.30 Uhr, Tel. 05 46 85 23 22, 8,50 €, 6–16 J. 4,50 €

27 Île d'Oléron

Die größte Insel der französischen Atlantikküste zieht Austernfreunde an

Information

■ Office de Tourisme, Place Gambetta, 17310 Saint-Pierre d'Oléron, Tel. 05 46 85 65 23, www.ile-oleron-marennes.com

Eine Hauptstraße durchzieht die über 30 km lange und 8 km breite Insel von der 1966 erbauten Brücke, die sie mit dem Festland verbindet, bis hinauf zum Leuchtturm von Chassiron an der Nordspitze. Als südlichste der Atlantikinseln verwöhnt der Golfstrom sie mit einem fast mediterranen Klima. Wein, Eukalyptus, Agaven, Oleander und auch Mimosen machten sie für den Schriftsteller Pierre Loti zu einer »Insel der Düfte«. Neben dem Tourismus sind es auch hier Salzgewinnung und Austernzucht, die die Wirtschaft prägen. Die Zitadelle des Château d'Oléron, der Ort St-Pierre und ein Schiffsausflug um das Fort Boyard herum sollten bei einem Besuch eingeplant werden.

Im Blickpunkt

Wo die Auster sich am wohlsten fühlt

In Marennes und im Osten der Île d'Oléron liegt Europas größtes Austernzuchtgebiet. Jährlich werden hier bis zu 60 000 t der begehrten Muschel am Ende einer dreijährigen Aufzucht geerntet, was beinahe der Hälfte der französischen Produktion entspricht. Wer einen »ostréiculteur«, einen Austernzüchter, besucht, der sieht in den kleinen Familienbetrieben meist große Klärbecken, in denen die zum Verkauf bereiten Austern monatelang gereinigt werden. Dabei kann jede Auster täglich bis zu 200 Liter Meerwasser filtern. Als »fines de claire« kommen sie dann in den Handel, um bald (lebend) verzehrt zu werden. Im Becken von Arcachon werden vor allem junge Saataustern gezüchtet, die im Alter von zehn Monaten in die Zuchtparks der Normandie und Bretagne verkauft werden, um dort weiter zu gedeihen.

Sehenswert

Château d'Oléron

| Stadtbild |

An der Stelle der heutigen Zitadelle, die ins Meer hinausragt, stand einst die mittelalterliche Burg von Eleonore von Aquitanien. Es war Vauban, der hier zur Sicherung des Marinearsenals von Rochefort die Festungsanlagen ausbauen ließ. Heute zieht der Sonntagsmarkt in einer schönen Halle vom Ende des 19. Jh. im Zentrum des Ortes mehr Besucher an als die frei zugängliche Zitadelle, obwohl hier ein herrlicher Blick in Richtung Festland geboten wird.

Fort Boyard

| Festung |

Die von Napoleon 1802 zum Schutz von Rochefort in Auftrag gegebene, allerdings erst 1859 fertiggestellte Festung mitten im Meer ist nicht öffentlich zugänglich. Schiffstouren von Boyardville (siehe Verkehrsmittel) aus umkreisen das mehrgeschossige, imposante Fort lediglich. Das 20 m aus dem Meer aufragende Fort Boyard hätte 250 Soldaten und über 70 Kanonen Platz bieten können, doch kaum fertiggestellt, war es militärtechnisch bereits veraltet und wurde später als Gefängnis benutzt.

St-Pierre d'Oléron

| Stadtbild |

Im Hauptort der Insel dreht sich das Leben um die moderne Markthalle (rue Massé, April–Sept. Di–So, Okt.–März Di, Do, Sa/So) und eine Totenlaterne aus dem 12. Jh. Sie stand ursprünglich auf einem alten Friedhof, heute jedoch mitten auf einem Parkplatz (place Camille Memain). Im Innern führt eine Treppe nach oben. Hier wurde einst ein Totenlicht angezündet.

Phare de Chassiron

| Leuchtturm |

Der Leuchtturm ging 1836 in Betrieb. Davor stand hier ein von Colbert 1679 in Auftrag gegebener Turm, dessen Signallicht noch ein veritables Feuer war, entfacht mit Holz oder Kohle. Beim Bau des 46 m (224 Stufen) hohen Turms kam hochwertiger Granit vom Festland zum Einsatz.

■ Pointe de Chassiron, Tel. 05 46 75 18 62, www.chassiron.net, April–Juni, Sept. tgl. 10–19, Juli/Aug. 9.30–21, Okt.–März 10–12.30, 14–17 Uhr, 4 €, Kinder 2,50 €

Verkehrsmittel

Boot Mehrere Schifffahrtslinien (am besten ab Boyardville/Île d'Oléron) umrunden auf ihren Touren die ehemalige Gefängnisinsel Fort Boyard.

■ Croisières Inter-Îles, Allée des Acacias Boyardville, 17190 Saint-Georges-d'Oléron, Tel. 05 46 50 55 54, www.inter-iles.com, Fahrpläne und Preise im Internet

Restaurants

€ | Sillage Die jungen Besitzer kreieren raffinierte Gerichte, was man sonst in St-Pierre eher selten findet. Der Koch stammt aus dem Piemont.

■ Place Camin Memaine, 17310 St-Pierre-d'Oléron, Tel. 05 46 36 87 45, www.restaurant-sillage.fr, Do–Sa 12–13.30 und 19–21 Uhr, Di und Mi nur mittags

Kinder

Neben einem Museum in Port des Salines, das die Geschichte der Salzgärten zeigt, locken hier verschiedene Aktivitäten, darunter auch geführte Bootsfahrten durch die Kanäle rund um die wieder angelegten Salinen.

■ Rue des Anciennes Salines, Petit-Village, Le Grand-Village-Plage, Tel. 05 46 75 82 28, www.port-des-salines.fr, Écomusée und Verleih von Barken: März–Juni, Sept.–Nov. Mo, Di, Do–Sa 10–12.30, 14–18, Mi 10–18, So 14–18, Juli/Aug. Mo–Sa 10–19, So 14–19 Uhr, Écomusée 4,50 €, erm. 3 €, Barken 16 € für 4 Pers

Auf der Île d'Oléron dominieren Salzgewinnung und Austernzucht die Wirtschaft

28 Royan

Das 1945 zerstörte Seebad der Belle-Époque wurde rasch wieder aufgebaut

Information

- Office de Tourisme, 1, boulevard de la Grandière, 17200 Royan, Tel. 05 46 08 21 00, www.royanatlantique.fr
- Parken: siehe S. 128

Nicht umsonst wurde Royan schon zu Beginn des 19. Jh. vor allem von reichen Bürgern aus Bordeaux geschätzt, die hier mit dem Dampfboot ankamen. Das angenehme Klima und die Buchten mit feinen Sandstränden ließen Royan zu einem prächtigen Seebad der Belle-Époque aufsteigen. Bereits im 13. Jh. profitierte Royan von seiner geografischen Lage. Es presste jedem in die Gironde einfahrenden Schiff eine Passiersteuer ab. Zu Beginn des Jahres 1945 zerstörten alliierte Bomber in wenigen Minuten fast die ganze Stadt. Direkt nach dem Krieg begann der Wiederaufbau im Stil der Moderne, der überwiegend Lob erntete. Insbesondere die Kirche Notre-Dame steht für dieses gelungene Unterfangen.

Sehenswert

Église Notre-Dame

| Kirche |

15 *Beim Wiederaufbau der Stadt setzte die Kirche starke Akzente*

In der Nachkriegszeit galt es an vielen Orten zerstörte Kirchen durch neue zu ersetzen. Zum Einsatz kam hierbei vor allem Stahlbeton, der neue Formgebungen erlaubte. Der hiesige Kirchenbau kann Vorbilder in der gotischen Architektur nicht verleugnen, spielt doch im Innern der Lichteinfall eine herausragende Rolle. Dennoch musste der Bau aus Kostengründen zunächst unvollendet bleiben. Erst allmählich kamen bemalte Fenster und die Orgel hinzu.

- 1, rue de Foncillon

Die moderne Église Notre-Dame in Royan hat gotische Vorbilder

Parken

Hinter der auch architektonisch sehenswerten Markthalle (Marché centrale) liegt ein nachmittags kostenloser Parkplatz. ■ Rue Font de Cherves

Kinder

Zoo de la Palmyre Der Zoo ist der größte in ganz Frankreich. Tausende Säugetiere, Vögel und Reptilien sind je nach Herkunft in fast tropischem Ambiente zu entdecken. Große Shows mit dressierten Papageien und Robben gehören zum Programm. ■ 6, avenue de Royan, 17570 Les Mathes, Tel. 05 46 22 46 06, www.zoo-palmyre.fr, April–Sept. tgl. 9–19, sonst bis 18 Uhr, 19 €, 3–12 J. 15 €

Indian Forest Einer der spannendsten Hochseilgärten (»accrobranche«) in der Gegend liegt nördlich des Zoo de Palmyre. ■ Route de la Bouverie, 17570 Les Mathes, Tel: 05 46 22 55 45, www.indianforest17.fr, geöffnet April–Sept., Juli/Aug. tgl. 9.30–20.30, sonstige Öffnungszeiten siehe Website

ADAC Spartipp

An allen Stränden in Royan (wie Plage du Chay, Plage de Foncillon und vor allem Plage de la Grande Conche) wurden kostenlose **WLAN-Hotspots** eingerichtet.

Sport

Lust auf Strandsegeln (»char à voile«)? Am südlichen Ende der Plage de la Grande Conche kurz vor St-Georges de Didonne (Höhe Restaurant La Réserve) lässt es sich ausprobieren, aber auch Stand-Up-Paddling, Kajak und Windsurfen (»planche à voile«) werden angeboten. ■ Tel. 06 30 22 46 70, www.latitude-char.com

In der Umgebung

Phare de Cordouan

| Leuchtturm |

6 *Anders als geplant: Hier schlief nie ein französischer König*

Unter Heinrich III. und seinem Nachfolger Heinrich IV. entstand der grandiose Bau um 1600 auf einer Sandbank weit draußen vor der Girondemündung. Im 18. Jh. sollte er noch um weitere 20 m auf heute 67 m aufgestockt werden. Kein anderer Leuchtturm wurde so sorgfältig und mit so edlem Material errichtet. Sein Sockelgeschoss lässt an eine Palastfassade mit Monumentaltor denken. Im Innern der ersten drei Geschosse kam farbiger Marmor zum Einsatz, da dieser in Renaissanceformen erbaute Bereich dem König vorbehalten sein sollte. Eine edle Kapelle liegt im dritten Stock, doch letztlich hat hier nie ein König gebetet. Die weiteren fünf Etagen dienten dem Betreiben des Leuchtturms. Geführte Besichtigungen hängen von den Gezeiten und vom Wetter ab. Gute Kondition und passendes Schuhwerk sind dafür vonnöten.

■ www.phare-de-cordouan.fr, Überfahrten (45 Min., gezeitenabhängig) ab Royan mit Croisières La Sirène, Quai de Monastir, www.croisierelasirene.com, Tel. 05 46 05 30 93, 51–63 € (Überfahrt und Eintritt), oder Abfahrten ab Verdon, Port Médoc (port de plaisance) mit Vedettes La Bohème, Tel. 05 56 09 62 93, www.vedette-laboheme.com, April–Okt. ab 45–59 €

Phare de la Coubre

| Leuchtturm |

16 *Mehrere Leuchttürme wiesen hier bereits den Weg*

Die Meeresbrandung, der Sandflug und der hohe Salzgehalt in der Luft wirkten bei mehreren Türmen, die hier vorher standen, zerstörerisch. Dieser Leuchtturm, der den Schiffen bei der schwierigen Einfahrt in die Gironde den Weg weist, trotzt seit mehr als hundert Jahren, seit 1905, Wind und Wetter. Auch wenn er ursprünglich fast zwei Kilometer von der Wasserlinie entfernt errichtet wurde, ist der Atlantik heute bis auf 150 m an ihn herangerückt. Die 300 Stufen der eisernen Wendeltreppe mit niedriger Brüstung im Innern sollten nur schwindelfreie Leuchtturmstürmer erklimmen. Der Rekord (Mai 2017): 1 Minute, 2 Sekunden!

■ Tel. 05 46 06 26 42, www.pharedelacoubre.fr, Feb., März, Okt., Nov. 10–12.30, 13.30–17.30, Apr.–Juni, Sept. 10–13, 14–18, zw. Weihnachten und Neujahr 9.30–12.30, 13.30–16.30, Juli/Aug. tgl. 10–19.30 Uhr, 4 €, 5–11 J. 2,50 €

Der historische Leuchtturm von Cordouan bei Ebbe

29 Talmont-sur-Gironde

Der kleine Ort lebt von den Touristen, die die Kirche der hl. Radegundis besuchen

Information

■ Office de Tourisme, rue de l'école, 17120 Talmont-sur-Gironde, Tel. 05 46 08 21 00, www.royanatlantique.fr/destination-royan-atlantique/estuaire-de-la-gironde/talmont-sur-gironde/

Die Lage des Dorfes auf einem in die Gironde vorspringenden Felsen verhalf ihm zu gewisser Bedeutung. Es erhielt schon früh eine Festungsmauer, die an einigen Stellen am Ufer noch zu sehen ist. Hier schifften sich Pilger ein, die auf dem Weg zum Grab des hl. Jakobus in Santiago de Compostela waren – nicht ohne zuvor die kleine, der hl. Radegundis geweihte Kirche aufzusuchen.

Sehenswert

Église Ste-Radegonde

| Kirche |

7 *Waghalsig ließen die Mönche die Kirche am steilen Felsufer bauen*

Benediktinermönche schufen im 12. Jh. mit der kleinen Kirche eine wichtige Etappe auf dem Jakobsweg. Hier setzten viele Pilger ins Médoc über, um nach Soulac, einer weiteren Station auf ihrer Reise, zu gelangen. Der Kirchenbau verlor durch ein starkes Unwetter, das den Felsen unterspülte, zwei seiner Joche. Der Chor bietet von außen einen malerischen Anblick und gehört zum Schönsten, was die Romanik in der Saintonge hervorgebracht hat.

■ Rue de l'Église (direkt am Office de Tourisme,) 17120 Talmont-sur-Gironde

In der Umgebung

Grottes de Matata

| Höhlen |

Etwa 20 m über der Wasseroberfläche liegen natürliche Höhlen im Kalksteinfelsen, die schon früh Menschen als Unterschlupf dienten. Diese Höhlen wurden durch Stollen und Treppen miteinander verbunden. Einige dieser Troglodyten-Behausungen konnten mehr als 100 Menschen Platz bieten. Im 19. Jh. wurden sie von Mittellosen als Unterschlupf benutzt. Heute informiert hier ein kleines Museum über die Geschichte der vor rund 65 Mio. Jahren aus dem Felsen gewaschenen Grotten.

■ Office de Tourisme, 67, boulevard de la Falaise, 17132 Meschers, Tel. 05 46 02 70 02,

www.grottesdematata.com, Grottes de Matata, boulevard de la Falaise, April–Sept. tgl. 10–19, Okt.–Mitte Nov. 10–12, 14–18 Uhr, 6,50 €, 6–15 J. 4,90 €

30 Saintes

Keine andere Stadt der Region trägt deutlichere Spuren der Römerzeit

Information

- Office de Tourisme, place Bassompierre, 17100 Saintes, Tel. 05 46 74 23 82, www.saintes-tourisme.fr
- Parken: siehe S. 133

Begünstigt durch ihre Lage an der Via Agrippa, die das antike Lyon mit der Atlantikküste verband, entwickelte sich Saintes zu einem römischen Zentrum, dass sich auch Monumentalbauten wie ein Amphitheater oder einen imposanten Stadtbogen leisten konnte. Vor den Toren der mittelalterlichen Stadt entstand aber auch die bedeutende Klosteranlage Abbaye aux Dames. Als Station auf dem Jakobsweg kam auch der Kirche St-Eutrope große Bedeutung zu.

Sehenswert

Église St-Eutrope
| Kirche |
Leicht erhöht gelegen stammt der wuchtige Bau in seinen ältesten Teilen aus dem 11. Jh. An der Nordseite des Chores überlagern sich romanische und gotische Bauelemente. Geweiht ist

Die Église Ste-Radegonde thront direkt am Rand der Steilküste

die Kirche Eutropius, dem ersten Missionar, der die Bewohner der Saintonge zum Christentum zu bekehren versuchte. Seine Gebeine werden in der mystischen Krypta, einer der größten in Europa, verehrt. Vor allem die Jakobspilger machten hier Halt auf ihrem langen Weg. In der Oberkirche sind im Querhaus einige außergewöhnlich schöne Kapitelle zu sehen, die die Geschichte von Daniel in der Löwengrube erzählen.

■ Rue Saint-Eutrope, tgl. 9–19 Uhr

Amphithéâtre romain

| Archäologische Stätte |

Das gallorömische Amphitheater ist eines der ältesten in Gallien. Die Römer nutzten den Hügel um das Jahr 40 zur Anlage der aufsteigenden Zuschauerränge. Somit ersparte man sich Bau- und Arbeitskosten. Vermutlich bis zu 15 000 Menschen fanden im Innern des elliptischen Baus Platz. Dargeboten wurden hier Tierhetzen (»venationes«) oder Gladiatorenkämpfen (»munera«). Vom 3. Jh. an schwand die Bedeutung der Stadt und die Arena wurde nicht mehr genutzt. Sie wurde später als Steinbruch benutzt. Heute prägt das Amphitheater, das seit dem 19. Jh. vor dem Zerfall bewahrt wurde, eine fotogene Ruinenromantik, die als Kulisse für Veranstaltungen dient.

■ 20, rue Lacurie, Mitte Juli–Anf. Sept. Di–So 10–18.30, sonst 10–12.30 und 13.30–17.30, Mitte April–Mitte Juli und Sept. auch So 13.30–17.30 Uhr Uhr, 4 €, unter 19 J. frei

Arc de Germanicus

| Stadttor |

17 *Heute gilt der Stadtbogen als das Wahrzeichen der Stadt*

Der Bogen des Germanicus diente während der Römerzeit als Zugang zur

Die römischen Ruinen von Saintes mit der Église St-Eutrope im Hintergrund

Stadt, gesponsert vom reichen römischen Bürger Cajus Julius Rufus zu Beginn des 1. Jh. Ursprünglich befand sich hier eine Brücke über die Charente. Durch seine Bögen lief der Verkehr in beide Richtungen. Heute steht der Bogen frei wie auf einem Präsentierteller als Blickfang am Ufer und ist mit seinen 15 m Höhe das besterhaltene römische Bauwerk der Stadt.

Musée archéologique

| Museum |

Das kleine Museum zeigt Fundstücke aus der Römerzeit, wozu auch die metallenen Überreste eines römischen Streitwagens gehören. Im ehemaligen Schlachthof, der 1930 geschlossen und dem Museum angegliedert wurde, sind kunstvoll dekorierte Architekturfriese, Grabstelen, Inschriftentafeln oder gewaltige Säulenstümpfe zu sehen. Star der Exponate ist eine große Statue aus Carrara-Marmor von hoher Qualität. ■ Esplanade André Malraux, Tel. 05 46 74 20 97, Öffnungszeiten wie Amphithéâtre romain, 4 €, unter 19 J. frei

Abbaye aux Dames

| Kloster |

Nur aus den besten Familien stammten die Äbtissinnen, die dieser Abtei seit dem 11. Jh. vorstanden. Sie besaß ausgedehnte Ländereien und unterstand direkt dem Papst in Rom. Bis zu 100 Nonnen lebten in der ersten Benediktinerinnenabtei in der Saintonge. Der Hundertjährige Krieg und später die Hugenotten fügten den Bauten enorme Schäden zu. Wie durch ein Wunder ist die Westfassade fast vollständig erhalten geblieben. Am Mittelportal zeigen die Bögen Gottes segnende Hand, Evangelistensymbole und Szenen der Apokalypse. Im Innern bestand das Gewölbe einst aus mehreren großen Kuppeln, die jetzt durch Holzdecken ersetzt sind. Die gesamte Abteianlage dient heute als Musikkonservatorium. Seit 2013 hat sie sich auch offiziell den Titel Cité musicale gegeben, um ihre Bestimmung als Zentrum für klassische Musik zu unterstreichen. ■ 11, place de l'Abbaye, Tel. 05 46 97 48 48, www.abbayeauxdames.org, Juli/Aug. tgl. 10–19, April/Mai Di–So 10–12.30 und 14–19, Mai außer So, Juni und Sept. Di–Sa 10–19 Uhr

Parken

Neben der Abbaye aux Dames liegt ein großer kostenloser Parkplatz (rue Geoffroy-Martel), am anderen Charente-Ufer, an der Place Blair ein weiterer. Von hier führt der kurze Gang in die Altstadt besonders schön am Fluss entlang.

Events

Festival de Saintes Das Festival hat sich seit den 1970er-Jahren fest im Musikjahr von Frankreich etabliert. Mitte Juli finden hier klassische Konzerte statt, die anfangs auf Barockmusik und Johann Sebastian Bach festgelegt waren, ihr Repertoire aber längst bis hin zur zeitgenössischen Musik erweitert haben. ■ www.abbayeauxdames.org/festival-de-saintes

Wandern

Der sogenannte Circuit de Germanicus, ein 3,5 stündiger, ausgeschilderter Rundwanderweg, startet am antiken Stadttor und führt teilweise am Charente-Ufer entlang, mit immer wieder herrlichen Blicken auf Saintes (Wegbeschreibungen im Office de Tourisme).

31 Cognac

Vom Schloss startete der Branntwein seinen Siegeszug um die Welt

Information

■ Office de Tourisme, 48, boulevard Denfert Rocherau, 16100 Cognac, Tel. 05 45 82 10 71, www.tourism-cognac.com

In der Geschichte tauchte Cognac erstmals im 11. Jh. mit einer englischen Festung auf, die an der Stelle des heutigen Schlosses stand. Im Hochmittelalter sah Cognac viele Jakobspilger auf ihrem Weg weiter nach Saintes ziehen. Im 14. Jh. fiel die Stadt in den Besitz der französischen Krone und wurde Geburtsort des künftigen Königs Franz I. Heute ist Cognac berühmt für die Herstellung von Branntwein aus den örtlichen Weißweintrauben. Im 18. Jh. tauchten hier erstmals die Namen Rémy-Martin, Martell aus Jersey oder Hennessy aus Irland auf, die bis heute untrennbar mit der Cognac-Produktion verbunden sind, auch wenn sie mittlerweile zu internationalen Luxusmarken gehören.

Sehenswert

Château de Valois

| Schloss |

Heute sieht man dem Schloss von Cognac nicht mehr an, dass es einst zur Verteidigung gegen die Normannen erbaut wurde. Seit dem 15. Jh. hat es sich in ein Renaissanceschloss verwandelt, in dem Franz I. 1494 geboren wurde. Nach der Französischen Revolution drohte es zu verfallen, hätte nicht ein Branntweinproduzent die Vorteile der alten Gemäuer für Herstellung und Lagerung seines Cognacs erkannt und den Bau gerettet. Heute lässt sich der einstige Festsaal mit imposanten Kaminen nur bei einer Führung durch die Destillerie Otard besuchen.

■ Cognac-Marke Baron Otard, 127, boulevard Denfert Rochereau, Tel. 05 45 36 88 86, www.chateauroyaldecognac.com, Führung mit Cognacprobe ab 18 €, Mo–Sa 11–12 und 14–18 Uhr (Online-Reservierung)

Parken

Südlich der Altstadt liegt an den Allées Bernard Guionnet ein großer Parkplatz mit Zugang zur Fußgängerzone ganz in der Nähe. Im Norden der Altstadt am Schloss gibt es einen Parkplatz in der Rue Marc Marchadier.

Restaurants

€€€ | La Maison Eleganter Rahmen, gastronomische Ansprüche, recht hohe Preise, also durchaus für besondere Anlässe geeignet. ■ 1, rue du 14 juillet, Tel. 05 45 35 21 77, www.restaurant-lamaison-cognac.fr, tgl. mittags

32 St-Jean-d'Angély

Hier drehte sich einst alles um das vermeintliche Haupt Johannes des Täufers

Information

■ Office de Tourisme Saintonge Dorée, 8, rue de la Grosse Horloge, 17400 Saint-Jean-d'Angély, Tel. 05 46 32 04 72, www.saintongedoree-tourisme.com

Wunder sollen sich ereignet haben, als ein Mönch im frühen 9. Jh. den Schädel Johannes des Täufers aus Alexandria mitbrachte. Ein Kloster zur Aufbewah-

Produktions- und Lagerstätte des Cognacs: die Gemäuer der Destillerie Otard

rung der heilspendenden Reliquie wurde gegründet. In den Religionskriegen im 16. Jh. fiel die Reliquie den Flammen zum Opfer. Von der Verehrung der Reliquie zeugt heute noch die monumentale Fassadenruine der ehemaligen königlichen Abteikirche (rue d'Aguesseau). Das Leben spielt sich in diesem kleinen Ort allerdings um die Markthalle (place du Marché) von 1856 ab, unweit des eindrucksvollen Uhrturms von 1406, dessen Glocken einst jeden Abend das Schließen der Stadttore ankündigten.

 In der Umgebung

Église St-Pierre d'Aulnay

| Kirche |

Eine der schönsten romanischen Kirchen auf dem französischen Jakobsweg liegt malerisch inmitten des uralten Friedhofs, auf dem die Vegetation die Gräber allmählich überwuchert. Die zwei imposanten Portale im Westen und Süden sind reich verziert. Hier taucht die Kreuzigung des Petrus auf. Am beeindruckendsten ist aber das Kircheninnere mit einem langen Chor und einer hohen Kuppel über der Vierung. Hier erzählen Kapitelle die Geschichten von Adam und Eva, Samson und Dalila oder vom Mord an Abel. Ein kurioses Kapitell findet sich im rechten Querhaus, es zeigt drei Elefanten.

■ Route des Saintes, tgl. 9–19 Uhr

Fenioux

| Dorf |

Das abgeschiedene Dorf kann sich rühmen, einen romanischen Kirchenbau und eine Totenlaterne zu besitzen, beide aus dem 12. Jh. Die im Innern sehr schlichte Kirche ziert ein großes, fein bearbeitetes Portal, das in Reliefs Monatsdarstellungen, Tugenden und Laster zeigt. Die abseits stehende Totenlaterne, in deren Innern Stufen empor führen, vermittelt den Eindruck, als sei sie aus elf aneinandergestellten Säulen konstruiert, was sie zu einem recht kuriosen Bau werden lässt.

■ 17350 Fenioux, auf der Höhe von La Potière von der D 127 abbiegen

Übernachten

Zur Entdeckung der Inseln Île de Ré, Île d'Aix und Îe d'Oléron muss man nicht auch zwangsläufig dort übernachten, denn vor allem auf der Île de Ré werden je nach Saison gesalzene Hotelpreise verlangt, ist dieses Eiland doch die teuerste Immobilienadresse an der französischen Atlantikküste. La Rochelle bietet hingegen Hotels jeder Komfort- und Preisklasse und liegt strategisch sehr günstig für den Besuch der nahen Île de Ré, zu der von La Rochelle aus eine Brücke hinüber führt. Auch lassen sich von La Rochelle aus Besuche bis hinunter nach Rochefort und selbst nach Saintes unternehmen. Ideal zur Entdeckung der südlichen Charente-Maritime ist sicher Royan, das als angenehmer, wenn auch in der Hochsaison sehr stark frequentierter Küstenort ein gutes Hotelangebot aufweist. Ausflüge auf die Île d'Oléron und bis ins weiter östlich im Landesinnern gelegene Städtchen Cognac sind von hier aus durchaus sinnvoll.

La Rochelle 114

€ | **François 1er** In einem alten Palais wurde das zeitgenössisch durchgestylte Hotel eröffnet, in dem Popmusik und Film bei der Dekoration eine große Rolle spielten. ■ 13–15, rue Bazoges, 17000 La Rochelle, Tel. 05 46 41 28 46, www.hotelfrancois1er.fr

Île de Ré 120

€€ | **Le Sénéchal** Neben klassischen Zimmern gibt es hier Lofts, eine Villa und eine Mühle zu mieten – alles mit viel Stil und erlesenem Geschmack, der allerdings seinen Preis hat. ■ 6, rue Gambetta, 17590 Ars en Ré, Tel. 05 46 29 40 42, www.hotel-le-senechal.com

ADAC Das besondere Hotel

Das Konzept, Hotelzimmer um den Lichthof einer alten Fabrik zu gruppieren und auch ansonsten an vielen Stellen den Charakter eines Fabrikgebäudes beizubehalten, ist originell. Immer wieder taucht im **Hotel La Fabrique** grafisch gestaltet das Motiv der Werkzeuge auf, die hier einst verwendet wurden. Doch auf Werkbänken muss man hier nicht schlafen ...

€€ | 7–11, rue de la Fabrique, 17000 La Rochelle, Tel. 05 46 41 45 00, www.hotellafabrique.com

Île d'Aix 122

€ | Napoléon In diesem einzigen und traditionsreichen Hotel der Insel ist zeitgenössisches Design prägend. ■ 18, rue Gourgaud, 17123 Île d'Aix, Tel. 0546840077, www.hotel-ile-aix.com

Île d'Oléron 125

€€ | Hôtel des Bains Hier lässt sich Hafenluft schnuppern beim Blick aus den modern eingerichteten Zimmern auf die schaukelnden Segelschiffe, die direkt vor der Tür ankern. ■ 1, rue des Quais du 158, 17190 Boyardville, Tel. 0546470102,www.hoteldesbains-oleron.com

€ | La Chaudrée Sympathisches kleines Hotel im Inselstil mit simplen Zimmern, aber einem schönen Restaurant, zu dem auch eine Terrasse gehört. ■ 17, place Pasteur, 17840 La Bree les bain, Tel. 0546478185, www.hotel-la-chaudree.com

Royan 127

€€ | Foncillon Vor allem die Zimmer der oberen Etagen in diesem Hotel überzeugen durch ihren Meerblick und der kleine Strand von Foncillon liegt beinahe vor der Tür. ■ 57, avenue des Congrès, 17200 Royan, Tel. 0546384800, www.hotel-foncillon.com

€ | Le Trident Thyrse Das Hotel, das direkt an der Uferpromenade von Royan gelegen ist, versprüht Retro-Charme. Die Zimmer sind zwar ein wenig spartanisch, dafür aber sehr geschmackvoll mit Originalmöbeln aus den 1950er-Jahren eingerichtet. ■ 66, boulevard Frédéric Garnier, 17200 Royan, Tel. 0546051283, www.letridentthyrse.fr

Talmont-sur-Gironde/ Meschers-sur-Gironde 130

€ | Les Grottes de Matata Die wenigen einfach eingerichteten Zimmer wurden in die Millionen Jahre alten Grotten hineingebaut. Der Ausblick auf die Gironde ist einmalig. ■ 67, boulevard de la Falaise, 17132 Meschers-sur-Gironde, Tel. 0546027002, www.grottesdematata.com, geöffnet April–Nov.

Saintes 131

€€ | Les Messageries Die Besitzer haben aus der ehemaligen Poststation aus dem 17. Jh. ein modernes, stilvolles Hotel im Zentrum der kleinen Stadt gemacht. ■ Rue des Messageries, 17100 Saintes, Tel. 0546936499, www.hotel-des-messageries.com

Cognac 134

€€ | François Premier In einem staatlichen, komplett renovierten Palais aus dem 19. Jh. mitten in der Innenstadt von Cognac liegt dieses elegante Hotel. Mit Pool, Hammam und Fitnessraum. Ein kleiner Garten sorgt für einen entspannten Aufenthalt. ■ 3, place François 1er, 16100 Cognac, Tel. 0545808080, www.hotelfrancoispremier.fr

Saint-Jean-d'Angély 134

€ | Hotel de la Place Das sehr ambitioniert geführte, kleine Hotel liegt ideal im Zentrum. Dazu gehören ein beliebtes Restaurant sowie ein kleiner Innenhof. ■ Place de l'Hôtel de ville, 17400 Saint-Jean-d'Angély, Tel. 0546326911, www.hoteldelaplace.net

Les Landes – dichter Wald, so weit das Auge reicht

Die einstige Heidelandschaft bestimmen heute Baumreihen. Frankreichs größtes Waldgebiet bietet Stille, aber auch unberührte Strände

Südwestlich von Bordeaux beginnt die weite Heidelandschaft (Landes), die mit dichten Kiefernwäldern abwechselt, die überwiegend im 19. Jh. zur Stabilisierung der Küsten und der Urbarmachung großer Sumpf- und Moorgebiete vom Menschen gepflanzt wurden. Eine gewisse Eintönigkeit könnte sich bei den stets in Reih und Glied stehenden Baumreihen einstellen, wären da nicht in Küstennähe die schönen Binnenseen zwischen Sanguinet und Mimizan, die angenehme Abwechslung bringen. Von der glorreichen Vergangenheit der schwerfälligen Flugboote, die früher einmal vom großen Binnensee von Biscarosse abhoben, erzählt ein ungewöhnliches Museum, das unbedingt besucht werden sollte. Einmal an den endlosen Sandstränden der Côte d'Argent angelangt, könnte man theoretisch über 100 Kilometer bis hinunter zur Mündung des Adour wandern. Hier grenzen die Landes an das französische Baskenland im Département Pyrénées-Atlantique. Doch auch das Landesinnere hat seine Reize, wie das Freilichtmuseum von Marquèze und noch weiter im Osten das pittoreske Dörfchen Labastide d'Armagnac, eine typische Bastide aus dem hohen Mittelalter. Am Südrand der Landes gibt es Dax, Frankreichs meistbesuchten Thermalkurort, mit seinen heißen Quellen zu entdecken.

In diesem Kapitel:

ADAC Top Tipps:

Labastide d'Armagnac
| Bastide |
Eine klassische Bastide wie aus dem Bilderbuch, gegründet im Namen des Königs und noch heute (fast) pures Mittelalter. 143

ADAC Empfehlungen:

Marquèze

| Freilichtmuseum |

Ein Besuch im Freilichtmuseum von Marquèze ist die perfekte Zeitreise. Hier können Besucher tief ins bäuerliche Leben des 19. Jh. in den Landes eintauchen. 142

Dax

| Stadtbild |

Hier geht es heiß her, dafür sorgen die heilenden Thermalquellen, die schon die Römer zur Entspannung schätzten und die noch heute zahlreiche Kurgäste locken. 147

Courant d'Huchet

| Naturschutzgebiet |

Vom Seeufer zum Atlantikstrand schlängelt sich dieser romantische Flusslauf. Man folgt ihm als Wanderer oder an Bord schmaler Barken. 149

33 Sanguinet

Ein Badeort mit kleinen Sandstränden an einem großen Binnensee

Information

■ Office de Tourisme, place de la Mairie, 40460 Sanguinet, Tel. 05 58 78 20 96, www.sanguinet.com

Der Ort, an dessen Stelle bereits das gallorömische Dorf Losa nachgewiesen werden konnte, liegt am Ostufer des zweitgrößten französischen Binnensees. Unterwasserarchäologen entdeckten im See die Überreste eines kleinen Tempels und einer römischen Straße. Auch fanden sich Pirogen (Einbäume) aus Kiefern- und Eichenholz, die teilweise bis zu 3000 Jahre alt sind. Heute locken vor allem die kleinen Sandstrände direkt am See. Die Wasserqualität ist hervorragend und daher ist der See sehr fischreich.

34 Biscarrosse

Beliebter Küstenort mit kilometerlangen feinen Sandstränden

Information

■ Office de Tourisme des Grands Lacs, 55, place Georges Duffau, 40602 Biscarrosse, Tel. 05 58 78 20 96, www.biscagrandslacs.com

Hier konkurrieren drei Ortsteile miteinander, Biscarrosse-Plage, das die Sonnenhungrigen an die Strände lockt, Biscarrosse-Ville, der kleine Ortskern im Landesinnern, der einst zur Bewirtschaftung der Kiefernwälder gegründet

Zieht mit seinen langen, feinen Sandstränden viele Badefreunde an: Biscarrosse

wurde, und schließlich Biscarrosse-Lac, das, wie schon der Name besagt, direkt am See liegt. In den 1930er-Jahren wurde hier das wichtigste Kapitel in der Geschichte des Ortes aufgeschlagen: Es begann seine Zeit als Stützpunkt von Wasserflugzeugen. Die Firma Latécoère montierte am Seeufer ihr berühmtes sechsmotoriges Flugboot Latécoère 631 zusammen, das damals den Titel des größten Flugbootes der Welt trug. Von einstiger Bedeutung zeugt noch die Flugbootbasis, die heute Teil eines militärischen Sperrgebiets ist. Flugboote, die von hier über den Atlantik starteten, konnten sich aber letztlich nicht gegen die Konkurrenz der Landflugzeuge durchsetzen. Ein sehenswertes Museum zeichnet die Geschichte nach.

Sehenswert

Musée de l'Hydraviation

| Museum |

Der Standort des Museums mit seinen großen Hangars könnte besser nicht gewählt sein, denn von hier starteten in den 1930er-Jahren mehr als 120 gewaltige Flugboote zur Atlantiküberquerung. Berühmte Piloten wie Saint-Exupéry saßen damals in den Cockpits. Fotos und Dokumentarfilme illustrieren diese glorreiche Zeit. Auch einige Flugboote werden ausgestellt. Der Arbeit von Piloten und Crew widmet man sich ebenso wie dem Nachleben der Luftfahrt mit Wasserflugzeugen. Diese dienen heute weltweit im Kampf gegen Waldbrände und erschließen schwer zugängliche Regionen, die als Landebahn nur Flussläufe bieten. Für heutige Betrachter recht kurios wirken die bunten Plakate, die einst für die Flugverbindung der Air France von Biscarrosse auf die französischen Antillen warben. ■ 332, avenue Louis Breguet, Tel. 0558780065, www.hydravions-biscarrosse.com, Juli/Aug. tgl. 10–19, Sept.–Dez. und Feb.–Juni Di–So 14–18 Uhr, 10 €, 6–18 J. 3,50 €, unter 6 J. frei

ADAC Wussten Sie schon?

Wer auf der Düne von Pilat steht, der überblickt das **größte zusammenhängende Waldgebiet Westeuropas**, die Landes de Gascogne. Doch die unendlich scheinenden Reihen von Kiefern hat nicht die Natur selbst sich ausgedacht, sondern der Mensch. Nach der letzten Eiszeit hatte sich das Meer zurückgezogen und der stete Westwind trug enorme Mengen Sandes von den Küsten ins Inland. Seegras zur Stabilisierung der Sanddünen half nicht mehr und so setzte man bereits im 18. Jh. massiv auf die Pflanzung der einheimischen Kiefer. An einigen Stellen galt es auch Sümpfe trocken zu legen. Und die Holzverarbeitung wurde zu einem der wichtigsten Wirtschaftszweige der Landes.

Sport

Der große Binnensee Lac de Cazaux nördlich von Biscarrosse bietet ideale Vorraussetzungen für Wasserski. ■ École de ski nautique, Port Maguide, Tel. 0619550919, www.bisca-skinautic.com, Mitte Mai–Sept.

Erlebnisse

Flüge Die unendlichen Sandstrände der Landes, die Düne von Pilat und die Seen aus der Vogelperspektive zu erleben, bleibt unvergesslich. Vom Sportflugplatz in Biscarrosse starten Zweisitzer-Propeller-Flugzeuge, aber auch Wasserflugzeuge. ■ Aquitaine hydravions, 633, avenue Jodel, Tel. 06 07 36 59 33, www.aquitaine-hydravions.fr, ganzjährig, ab 215 €/ Stunde

Greeters Mehr über das Leben in den Landes, ihre Geschichte und Gastronomie und vieles andere erfährt man von den Greeters, Einheimischen, die kostenlos Interessierte treffen und mit ihnen Zeit verbringen. ■ Kontaktformular unter greeters.fr/landes/, nur auf Englisch oder Französisch

35 Mimizan

Der versandete Hafen machte im 19. Jh. Karriere als Badeort

Information

■ Office intercommunal de Tourisme, 38, avenue Maurice Martin, 40200 Mimizan, Tel. 05 58 09 11 20, www.mimizan-tourisme.com

Von der gallorömischen Epoche bis zum 7. Jh. war Mimizan ein florierender Hafen. Dann versandete der einstige Küstenort und die Atlantiklinie schob sich weiter nach Westen, wo heute herrliche Strände Urlauber locken und die Wirtschaft am Laufen halten. Im 19. Jh. hatte man sich auf Holzverarbeitung und Papierherstellung spezialisiert, bis später der Badetourismus in Mode kam. Der Ortskern, der jetzt im Landesinnern liegt, zeigt noch Spuren des Mittelalters im ehemaligen Benediktinerkonvent, von dem der Vorhallenturm einer Kirche überdauert hat, deren Pracht dem Zug der Jakobspilger im 12. Jh. geschuldet war.

Sehenswert

Musée Prieuré

| Museum |

Einziger Überrest des mittelalterlichen Mimizan ist das Westwerk der Kirche des früheren Benediktinerkonvents, der heute recht unscheinbar an der Hauptstraße liegt, die Mimizan mit seinem Ortsteil am Meer verbindet. Im Innern verbirgt sich eines der schönsten Westportale im französischen Südwesten. Um 1200 fertiggestellt, faszinieren die aus dem Stein geschlagenen Darstellungen von Christus und den Aposteln, vor allem die des Jakobus, zu dessen Grab die Pilger unterwegs waren, die in Mimizan Station machten. Farbreste der Reliefbemalung sind erstaunlich gut erhalten. Jüngere Wandmalereien aus dem 15. Jh. sind ebenso zu bestaunen wie ein kleines Museum in einem Nebenhaus.

■ 39, rue de l'Abbaye, Tel. 05 58 09 00 61, musee.mimizan.com, März–1. Nov Di–Fr 14–18, Mitte Juni–Mitte Sept. auch Sa 14–18Uhr, 5 €, erm. 3 €, unter 18 J. frei

36 Marquèze

Im perfekt inszenierten Freilichtmuseum reist man ins 19. Jh.

■ Route des la Gare, 40630 Sabres, Tel. 05 24 73 37 40, www.marqueze.fr, März–Nov. tgl. 9.30–18 Uhr, Zugang zum Freilichtmuseum ausschließlich mit dem Zug, ab Sabres alle 10 Min., ab Marquèze alle 40 Min, Fahrplan im Internet, 14 €, 4–17 J. 9,50 €, Familie (2 Erw.+2 Jugendl.) 39 €

In Sabres besteigt man einen historischen Zug, der einst die Produkte der Landes wie Holz und hier gewonnenes

Architektur aus verschiedenen Zeitaltern in Labastide d'Armagnac

Harz zu den Atlantikhäfen transportierte. Nach zehnminütiger Fahrt ist das Dorf erreicht, in dem die Zeit stehen geblieben zu sein scheint. Hühnerhöfe, Kräutergärten, Bienenstöcke, Brotöfen oder Schafställe samt ihrer entsprechend kostümierten Besitzer wollen entdeckt werden. Dabei lernen die Besucher auch die Arbeit des Harzsammlers kennen, der, um das Naturharz vom Baum zu bekommen, 25 bis 30 Jahre alte Kiefern fachgerecht anschneidet, oder die des Müllers. Für ein ganzes Areal mit typischen Architekturen der Heidelandschaft wie dem Haus des Landarbeiters oder dem des Pachtbauern wurden solche nachgebaut oder im Original andernorts ab- und hier wieder aufgebaut. Gelegentlich dokumentieren dazu noch Ausstellungen mit historischen Fotografien, wie das Leben in den Landes vor über 150 Jahren aussah.

37 Labastide d'Armagnac

Die Bilderbuch-Bastide pflegt ihren mittelalterlichen Charme

Information

- Office de Tourisme des Landes d'armagnac, place Royale, 40240 Labastide d'Armagnac, Tel. 05 58 03 40 31, www.tourisme-landesdarmagnac.fr

Parkende Autos sind hier vom Hauptplatz, der Place Royale, verbannt und so konnte der mit einfacher Erde und eben nicht mit Steinen befestigte Platz sein mittelalterliches Aussehen bewahren. Umstanden von Häusern unterschiedlicher Jahrhunderte, die dennoch ein harmonisches Gesamtbild abgeben, sind es vor allem die durchlaufenden Arkaden, die faszinieren.

Im Blickpunkt

Bastiden: Planstädte des Mittelalters

Die Könige Frankreichs und Englands (beide Reiche grenzten im heutigen Südwestfrankreich jahrhundertelang aneinander), aber auch einige Lokalfürsten betätigten sich während des 13. und 14. Jh. als Stadtplaner. Sie gründeten sogenannte Bastiden, um hier die oft weit auseinander siedelnde Landbevölkerung besser kontrollieren, aber auch vor Raubüberfällen und bei Kriegen besser schützen zu können. Der Stadtplan war immer gleich angelegt: Um einen von Arkadengängen umschlossenen zentralen Marktplatz mit Kirche wurde ein rechtwinkliges Raster von Straßen angelegt. Diese befestigten Dörfer erhielten Marktrecht und weitere Privilegien. Labastide d'Armagnac ist eine der am besten erhaltenen und ursprünglichsten Bastiden.

Wo einst Handel getrieben wurde, haben sich Cafés und Bistros, aber vor allem Geschäfte angesiedelt, die den Weinbrand der Gegend, den Armagnac, verkaufen. In der Kirche, in die ein alter Wehrturm verbaut wurde, ist eine grandiose Trompe-l'œil-Wanddekoration aus dem 16. Jh. erhalten, die die gemalte Illusion einer klassischen Tempelfront wiedergibt, vor der sich der Altar aufbaut.

38 St-Sever

Das ruhige Städtchen über dem Adour trumpft mit einer Abteikirche auf

Information

■ Office de Tourisme, place du Tour du Sol, 40500 St-Sever, Tel. 05 58 76 34 64, www.landes-chalosse.com
■ Parken: siehe S. 146

Vom Aussichtspunkt neben der Stierkampfarena von 1932 (avenue de Morlanné) aus überblickt man das Flussbett des Ardour. In dieser exponierten Lage auf dem Plateau von Morlanne fühlten sich bereits die Römer wohl, was durch archäologische Fundstücke belegt wird, die im Musée des Jacobins zu besichtigen sind. Den Ort prägt jedoch besonders die mittelalterliche Abtei St-Sever, die nach dem Märtyrer Severus benannt ist, der mit abgeschlagenem Kopf noch bis an diese Stelle gelaufen sein soll, um hier bestattet zu werden. Später entstand hier eine große Benediktinerabtei, deren Terrain im 11. Jh. befestigt wurde und die weitere Orden anzog. Auch die Jakobiner ließen sich im 13. Jh. hier nieder. Heute spielt sich das Leben von St-Sever vor und hinter der ehemaligen Abteikirche ab. Die Place du Tour-du-Sol vor dem Kirchenportal umstehen elegante Arkadenhäuser und die Place de Verdun bietet von ihren Bistroterrassen aus einen herrlichen Blick auf die Chorkapellen.

Sehenswert

Abbaye bénédictine

| Abtei |

Das Ende des 10. Jh. gegründete Kloster besaß zahlreiche Ländereien und

Schwesterkirchen bis hinunter nach Spanien. 1065 entstand die Abteikirche, die diesen Reichtum angemessen widerspiegeln sollte. Doch der größte Schatz und Garant für üppige Pilgerspenden war das Haupt des hl. Severus, das jedoch in den Religionskriegen zerstört wurde. Die Größe des Kirchenbaus mit seinen sieben Chorkapellen und der geräumigen Empore weist darauf hin, dass hier zahlreiche Pilger unterzubringen waren. Besonders sehenswert sind die gut erhaltenen romanischen Kapitelle, die teilweise im 19. Jh. farbig gefasst wurden und unter anderem die Geschichte von Daniel in der Löwengrube und das Gastmahl des Herodes mit der Enthauptung des Johannes zeigen. Auch einige römische Säulen und Kapitelle wurden hier verbaut.

■ Place du Tour de Sol

Musée des Jacobins

| Museum |

Neben archäologischen Exponaten zeigt das Museum im ehemaligen Jakobinerkonvent in großen Diapositiven Blätter aus der berühmten Beatus-Handschrift von St-Sever. Der Mönch Beatus von Liébana verfasste im 8. Jh. einen Kommentar zur Apokalypse des Johannes. Im Mittelalter wurden davon illuminierte Handschriften angefertigt, doch nur wenige blieben erhalten. Die einzige, die in Frankreich entstand, stammt aus St-Sever. Das Original verwahrt die französische Nationalbibliothek in Paris. Die Qualität und Naturtreue in der Darstellung von Menschen und Tieren, die dieses Exemplar auszeichnen, vermitteln jedoch auch die Reproduktionen eindrucksvoll.

■ Rue du Général Lamarque, im Couvent des Jacobins, Tel. 05 58 76 34 64 (Office de

Die Abtei St-Sever mit farbigem Skulpturenschmuck liegt auf dem Jakobsweg

Tourisme), Apr.–Okt. Sa und So 14.30–18.30 Uhr, während der Schulferien Di–So, 4 €, 10–18 J. 3 €

Parken

Beste Parkmöglichkeiten finden sich auf der Place Morlanné vor der Stierkampfarena, die nur wenige Minuten zu Fuß von der Benediktinerabtei entfernt liegt.

Restaurants

€€ | L'Art des Mets Rustikal mit zeitgenössischen Akzenten eingerichtet, angenehme Terrasse und vor allem moderate Preise für eine fantasievolle, aber regionale Küche. ■ 1, chemin du Prouyan, Tel. 05 47 87 90 41, www.lartdesmetsaintsever.com, tgl. 12–13.30, Fr, Sa auch 19.30–21 Uhr

39 Abbaye de Sorde

Im Chor der Kirche wurden meisterlich verlegte Mosaike gefunden

■ 43000 Sorde l'Abbaye (D 29), Tel. 05 58 73 09 62, www.abbaye-sorde.fr, Apr.–Mai Di–So 14–17.30, Juni–Sept. Di–Sa 10.30–12.30, 14–17.30, So nur 14.30–18.30, Okt. Di–So 14–17.30, Nov. Mo–Fr 14–17.30 Uhr, 4 €, unter 18 J. frei

Unter Teilen der heutigen Abteibauten an den Ufern des Flüsschens Gave liegen Reste einer römischen Villa, die Ausgrabungen sind noch nicht abgeschlossen. Das nur noch als eindrucksvolle Ruine aufrecht stehende ehemalige Refektorium der Abtei, die Terrasse und der seltsame unterirdische Gewölbegang am Flussufer sind ausschließlich im Rahmen einer Füh-

Etappenziel für Jakobspilger: die Abteikirche von Sorde

rung zu besuchen. In der frei zugänglichen Abteikirche wurde ein seltenes mittelalterliches Bodenmosaik freigelegt, das aus dem 11. Jh. stammt und in geometrische Muster verschlungene Tiere zeigt.

40 Dax

Thermalquellen sind noch heute der wichtigste Wirtschaftszweig

Information

- Office de Tourisme, 11, cours Maréchal Foch, 40104 Dax, Tel. 05 58 56 86 86, www.dax-tourisme.com
- Parken: siehe S. 149

Mal wieder waren es die Römer, die wohl als Erste die Thermalquellen des kleinen keltischen Weilers am Ufer des Ardour für sich entdeckten und ausgiebig nutzten. Spätestens seit dem 2. Jh. lassen sich in Dax Tempel und Thermen der Römer nachweisen. Noch heute lebt die Stadt von der Qualität ihrer heißen Quellen. An der Fontaine Chaude in der Stadtmitte sprudelt es ununterbrochen. Im reinsten Art-Déco-Stil entstanden um 1930 das Casino und die Luxusherberge Le Splendid (cours de Verdun), um anspruchsvolle Kurgäste zufriedenstellen zu können. Schon im späten 19. Jh. hatte Dax seine mittelalterlichen Stadtmauern gesprengt und so entstand die Stierkampfarena etwas außerhalb der Altstadt. In der Fußgängerzone von Dax liegt das sehenswerte Musée Borda, das in einem alten Karmelitenkonvent die wechselvolle Stadtgeschichte nachzeichnet, die sich auch gut an der gewaltigen Kathedrale ablesen lässt. Hier schlägt der Puls von Dax, liegt doch die

La Fontaine chaude – hier sprudeln täglich 2,4 Mio. Liter heißes Wassser

Markthalle (Di–Do 8–14, Fr 8–18, Sa 7–18, So 8.30–14 Uhr) direkt vor ihrer Tür. Der bunte Wochenmarkt auf dem Kathedralvorplatz zieht samstags nicht nur die Einheimischen an.

Sehenswert

La Fontaine chaude

| Thermalquelle |

Das Wasser, das hier ständig aus mehreren Öffnungen sprudelt, steigt aus knapp 2000 m Tiefe mit einer Temperatur von 64 °C auf. Der Name »heißer Brunnen« hat daher durchaus seine Berechtigung. Im 19. Jh. wurde er als von Säulen umstandenes Bassin neu gestaltet, das an antike Vorgänger erinnern soll. In den 2,4 Mio. Litern

Wasser, die hier täglich sprudeln, entwickeln sich auch Algen, die, vermischt mit dem Schlamm des Adour und dem Thermalwasser, von den Kurgästen bei der Fangotherapie geschätzt werden.

■ Place de la Fontaine Chaude

Arènes

| Stierkampfarena |

Die Arena mit ihrem markanten Eingangstor wurde 1913 mit einem Fassungsvermögen von 8500 Plätzen geschaffen. Neben dem blutigen Stierkampf, der »corrida«, finden hier auch Kulturveranstaltungen, aber vor allem auch die unblutigen »courses landaises« statt, bei denen flinke Athleten sich spielerisch mit dem Stier messen.

■ 10, boulevard Paul Lasaosa, Mo–Sa 14–18 Uhr

Musée Borda

| Museum |

Der Orden der Karmeliten in Dax wurde von den begüterten Gläubigen in der Stadt reich beschenkt, sodass im 16. Jh. ein stattliches Gebäudeensemble errichtet werden konnte. Mit der Französischen Revolution verschwand der Orden und ein Frauengefängnis zog hier für einige Jahre ein. Erst im 20. Jh. wurden Restaurierungsmaßnahmen ergriffen, um zumindest die Kirchengebäude zu retten. Seit 2006 hat das städtische Musée Borda das Kirchenschiff und mehrere Kapellen bezogen, in denen Wechselausstellungen aus der umfangreichen Sammlung zu Archäologie, Ur- und Frühgeschichte sowie zur Stadtentwicklung gezeigt werden. Die Geschichte des Stierkampfes in Dax gehört auch dazu.

■ 11, rue des Carmes, Tel. 05 58 74 12 91, www.dax.fr, Di–Sa 14–18 Uhr, 5 €, unter 18 J. frei

Cathédrale Notre-Dame

| Kirche |

Der von außen sehr wuchtig wirkende Kirchenbau hält beim Betreten eine

Hundertjährige Olivenbäume auf dem Kathedralenvorplatz in Dax

Überraschung bereit. Einst folgte einem romanischen Bau ein gotischer, der im 17. Jh. einstürzte und durch den heutigen im Stil der Spätrenaissance ersetzt wurde. Ein imposanter Überrest der bedeutenden gotischen Vorgängerkirche hat sich im Innern erhalten. Das reich verzierte einstige Westportal zeigt ein großes Weltgericht. Die Apostel im Gewände sind fast zwei Meter groß und von bester Qualität, was auf Bildhauer aus der Zeit der großen Kathedralen in Nordfrankreich schließen lässt. Das Kurioseste bleibt jedoch, hier vor einem riesigen Außenportal zu stehen, das zum Schutz in die Kirche hinein geholt wurde.

■ Place Roger Ducos

Parken

Auf dem großen Parkplatz in der rue Chanzy oder im zentralen Parkhaus Parking des Halles (rue de la Halle).

Restaurants

€ | El Meson Eine urige Tapasbar nach spanischem Vorbild, in der es aber auch andere spanische Gerichte gibt. ■ 18, place Camille Bouvet, Tel. 0558 746426, www.el-meson-40.fr, Di–Fr 12–14, Di–Sa 19–23 Uhr

Einkaufen

Cazelle – Madeleines de Dax Jeder kennt die aus Sandteig gebackenen Madeleines, die es in jedem Supermarkt zu kaufen gibt. Die Madeleines von Cazelle, seit 1906 natürlich nach Geheimrezept hergestellt, sind besonders gut und vor allem täglich frisch. Sie sollten innerhalb einer Woche verspeist werden. ■ 6, rue de la Fontaine Chaude, Tel. 0558742625, www.madeleinesdax.com, Mo–Sa 9–12.15, 14–19 Uhr

ADAC Mittendrin

Irgendwo zwischen Akrobatik und Stierkampf ist die »**course landaise**«, die unblutige Variante der spanischen »corrida« angesiedelt, hautnah mitzuerleben z. B. Mitte August bei der Feria, dem mehrtägigen rauschenden Volksfest in den Straßen und der Arena von Dax in den südlichen Landes. Die Zuschauer in der 8000 Menschen fassenden Arena jubeln, wenn wieder ein »écarteur«, ein junger Torero, dem heranstürmenden Stier geschickt ausgewichen (frz. »écarter«) ist. Noch mehr beklatscht werden die Stierspringer, die »sauteurs«, die über das eine halbe Tonne wiegende Rindvieh hinweg springen.
www.daxlaferia.fr

41 Courant d'Huchet

Der Küstenfluss verbindet den Étang de Léon mit dem Atlantik

Seit 1981 sind die knapp 10 Kilometer Flusslauf als nationales Naturreservat geschützt. Fischotter, Nerze, seltene Reiherarten, Sumpfschildkröten und Wildschweine können einem auf den Wanderwegen begegnen, die größtenteils dem Fluss folgen. Bester Ausgangspunkt ist der Parkplatz an der D 328, die hier den Courant d'Huchet inmitten von Kiefern- und Korkeichenwäldern überquert. Privater Bootsverkehr ist auf dem Courant verboten.

Verkehrsmittel

Boot Eine Fahrt auf dem Courant d’Huchet mit einer »galupe« (flache Barke) ist ein Erlebnis. Ein Bootsverleih mit verschiedenen Angeboten befindet sich am Südrand des Étang du Lac in Léon.

■ Pont de Pichelèbe (D 328), Tel. 05 58 48 75 39, www.bateliers-courant-huchet.fr, nur mit telefonischer Reservierung, April–Okt. 1 Abfahrt tgl. um 10, Juli/Aug. auch um 14.30 Uhr, Dauer 2–4 Std., 17–30€

42 Hossegor

Surfer aus aller Welt kommen wegen der hohen Wellen hierher

Information

■ Office de Tourisme, 166, avenue de la Gare, 40150 Hossegor, Tel. 05 58 41 79 00, www.hossegor.fr

Der Name »Hossegor« verweist im Gaskonischen auf einen tiefen Graben, der unmittelbar vor der Küstenlinie liegt und für die außerordentliche Brandung und die Wellenformationen sorgt. Das Besondere ist, das die Wellen hier über eine lange Distanz anrollen, was die Surfer schätzen, die von weit her an diesen Küstenabschnitt reisen. Seit im Jahr 2001 an diesen feinsandigen und unendlich scheinenden Stränden die Weltmeisterschaft im professionellen Wellenreiten ausgetragen wurde, hat sich Hossegor wie zuvor Biarritz zu einem internationalen Hotspot für Surfer entwickelt. Doch schon in den 1950er-Jahren kamen die ersten Wellenreiter an den zentralen Strand (Plage centrale). Auf der Promenade kann man sich ganzjährig unter die Schaulustigen mischen, die den offenbar kälteresistenten Sportlern zuschauen.

Nach Hossegor kommen Surfer auf der Suche nach der perfekten Welle

Übernachten

In der ausgedehnten Kiefernlandschaft der Landes gibt es nur ein kleines Hotelangebot, von den Badeorten an der Côte d'Argent zwischen Biscarrosse und Hossegor einmal abgesehen. Die Preise liegen unter denen an der nördlichen Côte d'Argent. Zweifellos die größte Auswahl an Hotels hat man im begehrten Thermalkurort Dax, das sich somit auch als guter Standort für die Erkundung der Landes eignet.

Biscarrosse 140

€€ | La Caravelle Das familiäre Hotel liegt am See Étang de Biscarosse. Boots- und Fahrradverleih gehören zum Komfort. ■ 5314, route des Lacs, 40600 Biscarrosse, Tel. 05 58 09 82 67, www.lacaravelle.fr, März–Okt.

€€€ | Le Grand Hotel de la Plage Die traumhafte Lage dieses Hotels mit Restaurant und Bar hat ihren Preis, aber die Zimmer mit Balkon bieten einen unverstellten Blick auf den Atlantik. ■ 2, avenue de la Plage, 40600 Biscarrosse, Tel. 05 58 82 74 00, www.legrandhoteldelaplage.fr

Mimizan 142

€ | Bellevue Nur wenige Schritte sind es von diesem lichten Hotel bis zur Strandpromenade, hier ist man mitten drin im Badeort Mimizan-Plage. ■ 34, avenue Maurice Martin, 40200 Mimizan, Tel. 05 58 09 05 23, www.hotel-bellevue-mimizan.com

€ | Hotel de France Auch für wenig Geld gibt es hier farbenfrohe Zimmer, die zum Teil sogar über einen Balkon oder eine kleine Terrasse verfügen. ■ 18, avenue de la Côte d'Argent, 40200 Mimizan, Tel. 05 58 09 09 01, www.hoteldefrance-mimizan.com

Dax 147

€ | Hôtel de Jouvence Das Hotel überzeugt vor allem durch seine Lage im Zentrum von Dax. Die Zimmer sind zweckmäßig eingerichtet und teilweise recht groß. ■ 18, rue de la fontaine chaude, 40100 Dax, Tel. 05 58 90 16 46, www.hoteldejouvence.fr

€€€ | Le Splendid Im Art-déco-Bau von 1928 hat sich das Splendid gerade von Grund auf modernisiert, aber das mondäne Ambiente der Epoche ist erhalten geblieben. ■ 2, cours de Verdun, 40100 Dax, Tel. 05 58 35 20 10, www.splendid-hotel-spa.com

Hossegor 150

€€€ | Hortensias du Lac Kleines, aber luxuriöses Hotel mit Restaurant und großem Spa in einer Lage wie eine Surf Lodge. ■ 1578 Avenue du Tour du Lac, 40150 Soorts-Hossegor, Tel. 05 58 43 99 00, www.lesdomainesdefontenille.com/fr/leshortensiasdulac-services.html

€€€ | Hotel de la Plage Hier weht die Seeluft direkt ins Fenster. Neun der zwölf Zimmer zeigen aufs Meer. Lockere Atmosphäre mit stets gut besetzter Bar und Terrasse. ■ 69, Av. des Hippocampes, 40150 Hossegor, Tel. 05 58 41 76 41, www.hotel-hossegor.fr

Pyrénées-Atlantiques – französisches Baskenland

Im Schatten von Pyrenäen und spanischer Grenze wird die baskische Identität mit ihren Traditionen, Farben und Festen großgeschrieben

Es gibt keinen besseren Auftakt für die Erkundung des Baskenlands als den Besuch von Bayonne, das mit seiner typischen Architektur und Lebensart die ganz eigene Identität des »pays basque« und den Stolz darauf sofort sichtbar verkörpert. Die Stadt am Adour ist das Tor zu einem Landstrich im äußersten Südwesten Frankreichs, der vieles auf einmal und auf relativ kleinem Gebiet bietet: herrliche Strände zwischen Biarritz und St-Jean-de-Luz, eine leicht hügelige Landschaft dahinter sowie einen Vorgeschmack auf die Bergwelt der Pyrenäen an der spanischen Grenze. Die küstennahe der drei historischen Provinzen des »pays basque« ist das Labourd, das heute vor allem für das mondäne Seebad und den Surfer-Hotspot Biarritz bekannt ist. Ruhiger und idyllisch in eine üppige Natur eingebettet liegen die kleinen Orte im Hinterland der Küste wie das sehr gepflegte Kurbad Combo-les-Bains und die schmucken Dörfer Ascain, Sare und Ainhoa.

In diesem Kapitel:

ADAC Top Tipps:

Bayonne
| Stadtbild |
Malerisch, selbstbewusst und vor allem lebendig präsentiert sich das »Aushängeschild« des französischen Baskenlandes, das nicht nur wegen des bekannten Schinkens einen Besuch wert ist. 154

St-Jean-de-Luz
| Stadtbild |
Das pittoreske Hafenstädtchen mit enorm viel Charme empfing einst den jungen Ludwig XIV., der hier seine Hochzeit feierte. 162

ADAC Empfehlungen:

La Table de Sébastien Gravé, Bayonne

| Restaurant |

Hier entdeckt ein Koch, der sich in Paris einen Namen gemacht hat, seine baskischen Wurzeln wieder. 157

Rocher de la Vierge, Biarritz

| Aussichtspunkt |

Bei starker See, wenn die Brandung die Eisenbrücke erreicht, ist das Riff unzugänglich – aber das Marienbildnis trotzt allen Stürmen. 160

Train de la Rhune

| Zahnradbahn |

Auf den höchsten Punkt des Pyrenäen-Vorlands gelangt man zu Fuß oder mit der Bahn und blickt von hier auf die Küste und nach Spanien. 165

Mimosa, Sare

| Restaurant |

Terrasse unter Schatten spendenden Platanen auf dem Dorfplatz. 166

Ainhoa

| Stadtbild |

Das Prädikat, eines der »schönsten Dörfer Frankreichs« zu sein, trägt Ainhoa mit den hübsch restaurierten Häuserfassaden zu Recht. 167

43 Bayonne

Die Stadt an Nive und Adour ist das Tor zum Baskenland

Information

- Office de Tourisme, place des Basques, 64108 Bayonne, Tel. 05 59 46 09 00, www.visitbayonne.com
- Parken: siehe S. 156

Vielen wird zunächst der berühmte Schinken einfallen, der die Stadt weltweit bekannt machte. Ob aber auch das Bajonett wirklich auf Bayonner Soldaten zurückgeht, die sich mit dieser Stichwaffe im 17. Jh. zur Wehr gesetzt haben sollen, ist nicht so genau geklärt. Heute ist Bayonne das Tor zum Baskenland und somit Botschafter der baskischen Kultur und Lebensart in Frankreich. Auf Baskisch heißt Bayonne »Baïona«, was »guter Fluss« bedeutet. Der Adour, der hier entlangführt, und der nahe Atlantik machten aus der Stadt einen wichtigen Handelshafen. Durch die Altstadt fließt malerisch die Nive und die hübschen schmalen Gassen sind von Fachwerkhäusern und den typischen dunkelroten Fensterrahmen geprägt. Die alte Burg, das »château-vieux« (nicht zugänglich), kontrastiert mit dem eleganten Theaterbau am Nive-Ufer. Die Rue du Pont-Neuf und die Rue d'Espagne sind einkaufswütigen Fußgängern vorbehalten, während die Kathedrale, das Musée Basque und das Musée Bonnat Kulturbegeisterte anziehen. Auch die etwas abseits gelegene Stierkampfarena und vor allem die große Markthalle sind auf jeden Fall einen Besuch wert.

Die für Bayonne charakteristische Häuserfront am Ufer der Nive

Sehenswert

Cathédrale Sainte-Marie

| Kathedrale |

Nachdem der romanische Vorgängerbau Anfang des 13. Jh. abgebrannt war, holte man offenbar einen Architekten aus Nordfrankreich, der eine Kathedrale im Stil der Hochgotik errichtete. Bis heute werden hier die Reliquien des hl. Leon, im 9. Jh. Bischof in Bayonne, aufbewahrt. Die Fenster der Hieronymus-Kapelle (vorletzte im linken Seitenschiff) zeigen den von Aposteln begleiteten Christus, den eine Frau aus Kana bittet, ihren vom Teufel besessenen Sohn zu heilen. Die Darstellung von Perspektive, Natur, Kleidung und Architektur wurde von Renaissance-Glasmalern meisterhaft ausgeführt.

■ Place Mgr Vansteenberghe, Tel. 05 59 59 17 82, Mo–Sa 8–18.45, So bis 19 Uhr

Cloître

| Kreuzgang |

Drei Seiten des südlich an die Kathedrale angelehnten Kreuzgangs sind noch original und hervorragend erhalten, mit filigranem Maßwerk und Grabplatten des 14.–18. Jh. Er wurde nicht nur zur Andacht genutzt, sondern es versammelten sich hier bisweilen auch die Bürger des Viertels oder die Zünfte. Heute lässt es sich hier wunderbar entspannen, sollte der Trubel in den Altstadtgassen an den Kräften zehren.

■ Place Pasteur, Tel. 05 59 46 11 43, tgl. 9–12.30, 14–17, Mitte Mai–Mitte Sept. bis 18 Uhr

Arènes

| Veranstaltungsort |

1893 im maurischen Stil errichtet kommt die über 10 000 Besucher fassende Stierkampfarena recht bunt daher. Rot, Gelb und Ocker dominieren die Wände. Auch die winzige Kapelle, in der die Toreros beten, bevor sie sich dem Stier stellen, ist farbenfroh. Die »corrida«, der blutige spanische Stierkampf, hat in Bayonne eine lange Tradition. Die erste fand bereits 1853 zu Ehren der französischen Kaiserin Eugénie statt. Seitdem strömen dreimal im Jahr die Aficionados herbei (Juli–Sept.). Außerdem finden hier auch Konzerte statt

■ Avenue des Fleurs (westlich der Altstadt), Mo–Fr 10–17.30, 14–17 Uhr, 4 €, unter 12 J. frei

ADAC Spartipp

Die kostenfreie **Elektrobuslinie N1**, die die beiden Parkplätze Glain und Champ de Foire verbindet, lässt sich auch für eine bequeme Entdeckungstour durch Bayonne nutzen (7.30–19.30 Uhr, außer So und feiertags). Die zweite Linie (N2) fährt von der Mündung der Nive in den Adour hinaus zur Arena oder zum Bahnhof von Bayonne. *www.visitbayonne.com/fr/cote-pratique/se-deplacer/navettes-gratuites.php*

Musée Basque

| Museum |

Die Maison Dagourette, einst das stattliche Domizil eines Kaufmanns, der es im 16. Jh. direkt am Ufer der Nive errichtete, beherbergt seit 1924 ein ethnografisches Museum. Auf drei Stockwerken und etwa 20 thematisch strukturierten Sälen erfährt man alles über das ländliche, städtische, religiöse und gesellschaftliche Leben der Basken, ihre Traditionen und Bräuche.

Auch Seefahrt und Wirtschaft werden anschaulich behandelt.

■ Maison Dagourette, 37, quai des Corsaires, Tel. 05 59 59 08 98, www.musee-basque.com, Di, Mi–So 10–18, Do 13–20 Uhr, 8 €, erm. 5 €, unter 26 J. und 1. So im Monat frei

Musée Bonnat-Helleu

| Museum |

Das Museum der Schönen Künste in Bayonne ist nach dem einheimischen Maler und Mäzen Léon Bonnat benannt, der im 19. Jh. den Grundstock der 7000 Werke umfassenden Sammlung stiftete. Der Prachtbau, in dem Skulpturen, Malerei, Zeichnungen, Fotografien, archäologische Fundstücke und Kunsthandwerk aufbewahrt werden, entstand Ende des 19. Jh. Rötelzeichnungen Michelangelos, von Ingres und Degas gemalte Porträts, ein El Greco sowie gotische Madonnen zählen zu den Meisterwerken, die hier zu sehen sind. Zurzeit entsteht ein moderner Erweiterungsbau, der dieser bedeutenden Sammlung noch mehr Platz bieten wird.

■ 5, rue Jacques Laffitte, Tel. 05 59 46 63 60, www.mbh.bayonne.fr (geschl. bis voraussichtlich Ende 2025)

ADAC Mittendrin

Immer am letzten Mittwoch im Juli steigt die Partylaune in Bayonne. Seit den 1930er-Jahren wird das große Volksfest **Fêtes de Bayonne** in den Straßen gefeiert, bei dem Musik und Umzüge, die an Karneval erinnern, auf dem Programm stehen. Symbolisch werden die Stadtschlüssel für fünf Tage dem Roi Léon und seinem Gefolge übergeben, die als überdimensionierte Figuren, »géants« genannt, die Festzüge begleiten. Orientiert an der traditionellen Stierhatz in Pamplona, werden auch in Bayonne Rinder durch die Straßen getrieben, denen sich viele Mutige in den Weg stellen. Konzerte und große Tanzbälle sorgen für ausgelassene Stimmung. Passend angezogen sollte man sein, ganz in Weiß mit rotem Gürtel und dem obligatorischen roten Halstuch – und die Fête kann beginnen.
www.fetes.bayonne.fr

Verkehrsmittel

Tuk Tuk Sechs Plätze bieten die original thailändischen Tuk Tuks, mit denen sich Bayonne, aber auch andere Orte im Norden der baskischen Küste, erkunden lassen. Der einheimische Fahrer von Pays Basque Tuk Tuk weiß, wo es langgeht. ■ Pays basque TUK TUK, Tel. 06 10 90 67 23, www.tuktuk-paysbasque.com

Segway Ein paar Minuten braucht es schon, bis man weiß, wie diese Art der Fortbewegung zu bewältigen ist. Mit Segways, französisch »gyropode«, lässt sich lautlos und bequem durch Bayonne gleiten. Der Helm ist natürlich immer mit dabei. ■ Tel. 06 43 49 80 87, www.gyrozone.fr, Mindestalter 5 J., Treffpunkt am Office de Tourisme, ab 45 € für 2 Stunden

Parken

Von den Parkplätzen Glain und Porte d'Espagne (beide südlich der Stadtmauern) fahren kostenlose Elektrobusse in die Innenstadt, Mo–Sa 7.30–19.30 Uhr, alle 15 Min.

Exponate im Musée Basque, das baskische Kultur und Tradition anschaulich darstellt

Restaurants

€ | Le Chistera Das rustikal-familiäre Lokal serviert baskische Spezialitäten von Piperade über Innereien bis hin zu Gambas. Garantiert hausgemachte Küche von A–Z. ■ 42, rue du Port Neuf, Tel. 05 59 59 25 93, www.lechistera.com, Di–Sa mittags und abends, So nur mittags

€ | Bouillon Armand Eine moderne Brasserie mit einem Hauch von Art Deco, die zu sehr erschwinglichen Preisen die deftigen Klassiker der Brasserieküche anbietet. ■ 6, rue Bourgneuf, Tel. 09 85 00 90 20, www.bouillonarmand.com, Di–Sa mittags und abends

21 **€€ | La Table de Sébastien Gravé** Im Trend speisen in durchdesigntem Ambiente: Zu nicht ganz günstigen Preisen gibt es innovative Küche aus der Region. Der in Bayonne geborene Chefkoch Sébastien Gravé, der auch in Paris kein Unbekannter ist, interpretiert hier die Geschmäcker seiner Heimat neu, raffiniert und eher puristisch. ■ 21, quai Amiral-Dubourdieu, Tel. 05 59 46 14 94, www.latable-sebastiengrave.fr, Di–Sa, Mi abends geschl.

Einkaufen

Maison Montauzer Ein Besuch von Bayonne ohne den aromatische Schinken probiert zu haben, ist undenkbar. Hier lässt sich die bekannte Spezialität luftdicht verpackt kaufen und mit in die Heimat nehmen. ■ 23, rue de la Salie, www.montauzer.fr, Mo 9.30–13, 14–19.15, Di–Sa 7–19.15 Uhr

Chocolats Cazenave Seit Jahrhunderten liebt man in Bayonne Schokolade und weiß sie meisterhaft herzustellen. Die Chocolatiers haben hier ihre eigene Gilde und sogar eine Académie du Chocolat, der auch das Haus Cazenave angehört. ■ 19, rue Port Neuf, www.

chocolats-bayonne-cazenave.fr, Di–Sa 9.15–12 und 14–19 Uhr

Tissage de Luz Die typisch baskischen Stoffe aus kräftiger Baumwolle, gestreift und in bunten Farben, werden seit 1906 von der Marke Tissage de Luz hergestellt. Hier hat man die Qual der Wahl.

■ 3, rue Port des Castets, www.tissagedeluz.com, Mo–Sa 10–13, 14.30–19 Uhr

Bühne

Théâtre de Bayonne Das Theater am Zusammenfluss von Nive und Adour ist eine nationale Bühne und wurde 1834 im italienischen Stil erbaut. Vom klassischen Theater über Tanz bis hin zu Zirkusaufführungen wird hier alles geboten, auch fürs junge Publikum.

■ Im Hôtel de Ville, place de la Liberté, Tel. 05 59 59 07 27, www.scenenationale.fr

Events

Foire au Jambon Im Hallenviertel am Quai der Nive dreht sich jährlich an vier Tagen Ende März, Anfang April alles um das Schwein oder, besser gesagt, um dessen luftgetrockneten Schinken. Die Foire au Jambon de Bayonne wird seit dem 15. Jh. gefeiert. Schon Heinrich IV., ein bekannter Gourmet, lobte ihn in höchsten Tönen. Heute ist seine Herstellung stark reglementiert, was mit dem Herkunftslabel belohnt wird. Auf der Messe wird der beste Schinken von einer »confrérie«, einer Bruderschaft in blutroten Roben, prämiert. Es wird gefeiert und dabei viel gegessen, nicht nur Schinken, sondern auch andere Spezialitäten wie »gâteau basque«, ein typischer Kuchen, oder heimischer Schafskäse. ■ www.bayonne-paysbasque.com/route_gourmande/foire_jambon_bayonne.php

44 Biarritz

Das mondäne Biarritz strahlt noch heute vom Glanz vergangener Zeiten

Information

■ Biarritz Tourisme, square d'Ixelles, 64200 Biarritz, Tel. 05 59 22 37 10, www.tourisme.biarritz.fr

■ Parken: siehe S. 161

Auf die Bühne der Geschichte trat das einstige Fischerdorf Biarritz erst im 19. Jh. Damals entdeckten einige Zeitgenossen den therapeutischen Nutzen des Badens im Meer. Gekrönte Häupter wie Napoleon und Josephine, Literaten wie Stendhal oder Gustave Flaubert und auch Adlige aus England, Russland oder Deutschland kamen in der Folge nach Biarritz. Damit begann ein Bauboom, der luxuriöser Paläste hervorbrachte. Im 20. Jh. konnten sich dann auch breitere Bevölkerungsschichten einen Badeurlaub hier leisten. Nicht zuletzt Surfer aus aller Welt entdeckten den Küstenstreifen für ihre Leidenschaft. Zwischen dem Leuchtturm an der Pointe St-Martin im Norden und der Plage de la Côte des Basques im Süden bietet Biarritz am alten Hafen eine bizarr zerklüftete Küste. Dort ist besonders der Aussichtspunkt Rocher de la Vierge ein lohnendes Ziel und das in einem Art-déco-Bau untergebrachte Aquarium ist ebenfalls einen Besuch wert. Die Atmosphäre des späten 19. Jh. wird in der russisch-orthodoxen Kirche und in der kaiserlichen Kapelle lebendig. Versteckt liegt das kleine historische Museum der Stadt in einer ehemaligen anglikanischen Kirche unweit der modernen Markthalle.

Seit dem 19. Jahrhundert beliebt bei Badegästen: die Grande Plage in Biarritz

Sehenswert

Phare de la Pointe St-Martin

| Leuchtturm |

Wer den 1834 errichteten Leuchtturm über seine 250 Stufen besteigt, wird von oben gut erkennen, wie sich ab hier die Küstenbeschaffenheit verändert. Die fast ununterbrochene Linie der Sandstrände der Landes endet und geht allmählich in den von Felsen geprägten Küstenstreifen des Baskenlandes über. ■ Esplanade Elisabeth II, Tel. 05 59 22 37 10, April–Juni, Sept. 14–18, Juli/Aug. 10–19, Okt.–März Sa/So 14–17 Uhr, 5 €, erm. 3 €

Église orthodoxe

| Kirche |

Diese russisch-orthodoxe Kirche im byzantinischen Stil macht deutlich, woher das aristokratische Publikum der Zeit um 1900 stammte. Seit ihrer Einweihung 1892, bei der Mitglieder der Zarenfamilie anwesend waren, schmücken wertvolle Ikonen aus St. Petersburg die prachtvolle Ikonostase. Direkt gegenüber liegt die Luxusherberge Hôtel du Palais, die 1903 an der Stelle der zuvor abgebrannten Villa Eugénie des französischen Kaiserpaares auf einem Plateau am Meer errichtet wurde.

■ 8, avenue de l'Impératrice, Tel. 05 59 24 16 74, www.eglise-orthodoxe-biarritz.com, Sa und So 14.30–17Uhr

Chapelle impériale

| Kapelle |

In der Nähe ihrer Sommerresidenz ließ Kaiserin Eugénie eine private Kapelle im historistischen Stilgemisch maurischer und byzantinischer Architekturen erbauen. Von außen recht unscheinbar, innen jedoch festlich ausgemalt, ist sie der Jungfrau von

Guadalupe geweiht, einem Gnadenbild Marias in Mexiko-Stadt.

■ Rue des Cent Gardes, Ecke Av. de la Marne, Besichtigung nur mit Führung (Tourismusamt Tel. 05 59 22 37 10), aber Sa geöffnet 14.30–18 Uhr., Messen am 9.Jan., 1. Juni, 11. Juli und 12. Dez.

Musée Historique

| Museum |

Allein schon der Ort, in dem sich das historische Museum von Biarritz eingerichtet hat, ist einen Besuch wert. Die anglikanische Kirche St-Andrew's, einst von Engländern erbaut, bietet einen ungewöhnlichen Rahmen für eine Museumspräsentation. Vom Walfang vor den Küsten und den ersten Rettungsschwimmern über die kaiserlichen Besuche und exklusiven Feiern bis hin zur Rolle von Biarritz als »plage des Rois«, als Strand der Könige, reichen die Themen, die unter den Kirchengewölben ausgebreitet werden.

■ Saint Andrew's, rue Broquedis, Tel. 05 59 24 86 28, www.musee-historique-biarritz.fr, Di–Sa 10–12.30, 14–18.30 Uhr, 6 €

ADAC Wussten Sie schon?

Schon Captain Cook soll berichtet haben, dass Eingeborene in der Südsee mit Brettern auf hohen Wellen ritten. Später wurde es von Missionaren verboten und kam erst wieder Anfang des 20. Jh. in Australien und den USA in Mode. 1957 war der Schriftsteller und Drehbuchautor Peter Viertel, ein deutschstämmiger Amerikaner, bei Dreharbeiten zu dem Film »The Sun also rises« dermaßen beeindruckt von der Brandung bei Biarritz, dass er sich sein Surfbrett aus den USA schicken ließ. Daraufhin wurde in Biarritz die **erste Surfschule in Europa** gegründet. Heute gibt es hier mehr als ein Dutzend davon, die zwischen April und November blutigen Anfängern und Profis Kurse anbieten.

Aquarium

| Aquarium |

In einem 1935 im Art-déco-Stil errichteten Gebäude gehört das Aquarium von Biarritz zu den spektakulärsten in Europa. Vor einigen Jahren erweitert, entführt es seine Besucher in die bunte Unterwasserwelt einer Lagune der Karibik, vor ein gigantisches Bassin mit Hammerhaien und Riesenrochen oder auf die Panoramaterrasse und zur hier zweimal täglich stattfindenden Robbenfütterung.

■ Esplanade du Rocher de la Vierge, Tel. 05 59 22 75 40, www.aquariumbiarritz.com, April–Sept. 9.30–20, Juli/Aug. bis 24, Nov.–März 9.30–19 Uhr, 16,50 €, 13–17 J. 14 €, 4–12 J. 12 €

Rocher de la Vierge

| Aussichtspunkt |

Gustave Eiffel hat hier den Weg zur Maria geebnet

Die meisten Besucher kommen sicher nicht wegen der recht kleinen weißen Marienstatue, die auf dem nach ihr benannten Felsen steht, sondern genießen vielmehr den grandiosen Panoramablick. Dieser fällt von hier aus auf die beiden großen Strände und die spektakulär an der steilen Felsküste liegende Villa Belza mit ihren Erkern und spitzen Türmen. Der Eisensteg hinüber zum Marienfelsen wurde 1865 von Gustave Eiffels Atelier entworfen.

■ Zugänglich über esplanade des Anciens Combattants (vor dem Aquarium)

Parken

Das zentralste Parkhaus, Parking Clemenceau, bietet fast 500 Stellplätze. ■ 16, avenue Foch, 3 Std. 4,80 €

Restaurants

€ | Bar Jean Neben der Markthalle liegt diese Tapasbar mit Terrasse, in der auch klassische Fleisch- und Fischgerichte auf der Karte stehen. ■ 5, rue des Halles, Tel. 05 59 24 80 38, tgl. 10.30–2 Uhr

€ | Eden Rock Café Bei Kaffee, Cocktails oder einem Glas Wein kann man hier beinahe die Beine im Meer baumeln lassen. Dazu gibt es einfache Gerichte wie Käse- oder Tapasplatten. ■ 2-4, esplanade du Port Vieux, Frühjahr–Herbst

€ | Le Surfing Toller Spot, um das tägliche Surfritual zu beobachten. Vegetarisches, Fisch und Burger auf der Karte passen zum Ausblick auf die Surfergemeinde. ■ 9, boulevard du Prince de Galles, www.lesurfing.fr, Tel. 05 59 24 78 72, tgl. 12–22 Uhr

€€ | Chez Eugénie Meeresfrüchteplatten bei herrlichem Meerblick drinnen oder draußen auf der Terrasse. Die Bistroküche gefällt allerdings vielen, also reservieren nicht vergessen. ■ 17, boulevard du Général de Gaulle, Tel. 05 24 33 84 01, tgl.außer So abends

Cafés

Miremont Der Teesalon, den Joseph Miremont 1880 übernahm, wurde schnell zur ersten Adresse der Stadt. Hier traf sich einst die mondäne Welt. Die edlen braun-schwarz gestreiften Packungen mit Schokoladenpralinen liegen eindeutig im Trend. ■ place Bellevue, www.miremont-biarritz.fr, Tel. 05 59 24 47 97, tgl. 9–20 Uhr

Einkaufen

Maison Arostéguy In dieser Épicerie kauft seit 1845 ein, wer einen originellen Aperitif, ein mit Algen versetztes Meersalz, ein Trüffelöl oder andere Extravaganzen fürs Kochen und Würzen sucht. Baskisches, das sich auch gut als Mitbringsel eignet, dominiert deutlich das Angebot. ■ 5, avenue Victor Hugo, www.arosteguy.com, Di–Sa 9.30–13, Mo–Sa 15.30–19 Uhr

Kinder

Cité de l'Océan Am südlichen Stadtrand von Biarritz kommt in der Cité de l'Océan viel raffinierte Technik zum Einsatz, um die Besucher unter anderem mithilfe von 3-D-Animationen in die Tiefen des Ozeans zu versetzen. Woher kommt das Wasser in den Ozeanen? Wie entstehen Wellen? Diese und ähnliche Fragen werden gestellt und beantwortet. Außerdem trifft man hier (spielerisch) auf Riesenkraken oder erlebt, ebenfalls dank Technik, den Spaß beim Wellenreiten hautnah. ■ 1, avenue de la Plage, Tel. 05 59 22 75 40, www.citedelocean.com, Öffnungszeiten im Internet, 14 €, 6–12 J. 9,90 €, 13–17 J. 12 €, Kombiticket mit Aquarium 26 €, 4–5 J. 12 €, 6–12 J. 17,50 €, 13–17 J. 22 €

Sport

Biarritz ist Europas historische Surfhauptstadt. Wer noch kein Profi ist, kann hier probieren, ob er einer werden könnte (z. B. École de Surf Jo Moraiz, plage de la Côte des Basques, Tel. 06 62 76 17 24, www.jomoraiz.com). Passende Outfits gibt es im Billabong Store. ■ 2–4, place Bellevue, im Sommer tgl. 9.30–19.30 Uhr

45 St-Jean-de-Luz

Bühne einer Monarchenhochzeit, Fischereihafen und Korsaren-Nest

Information

- Office de Tourisme, 20, boulevard Victor Hugo, 64500 St-Jean-de-Luz, Tel. 05 59 26 03 16, www.saint-jean-de-luz.com
- Parken: siehe S. 164

Seit dem 12. Jh. verdiente man in St-Jean-de-Luz mit dem Fischfang Geld. Später brachte der Kabeljaufang sogar so viel ein, dass prachtvolle Palais entlang dem Hafenbecken entstanden. In Kriegszeiten trieben hier Korsaren mit dem Freibrief zum Kapern feindlicher Handelsschiffe ihr Unwesen. Große Geschichte wurde in der kleinen Stadt mit der Hochzeit von Ludwig XIV. und der spanischen Infantin Maria Teresa geschrieben, wovon noch die direkt am Hafen gelegene Maison Louis XIV. und die Maison de l'Infante zeugen. Bodenständiger geht es in den alten Markthallen zu, die um 1884 in einem ehemaligen Sumpfgebiet erbaut wurden. Die größte der baskischen Kirchen, die prächtige Église St-Jean-Baptiste, prägt das Zentrum. An der nördlichen Pointe de Sainte-Barbe mit ihrer winzigen weißen Kapelle lässt sich der schönste Sonnenuntergang über der Biskaya erleben.

Sehenswert

Maison Louis XIV.

| Museum |

Die Place Louis XIV. ist ohne Zweifel der belebteste Platz in St-Jean-de-Luz, von Platanen bestanden und von Bistro-

Der Hafen von St-Jean-de-Luz mit dem Haus der Infantin Maria Teresa

und Caféterrassen gesäumt. Der Blick fällt dann auf die Maison Louis XIV. mit ihren Ecktürmen, in der der junge König seine Hochzeit erwartete. Er blieb immerhin einen ganzen Monat. Bei einer Führung durch das edle Gemäuer lernt man den erlesenen Geschmack der reichen Korsarenfamilie kennen, die den Bau einst errichten ließ.

■ Maison Lohobiague, 6, place Louis XIV, Tel. 05 59 26 27 58, www.maison-louis-xiv.fr, April–Okt. Mi–Mo, nur mit Führung, 11.30, 15, 16 und 17 Uhr, 7 €, unter 18 J. 4 €

Maison de l'Infante

| Museum |

Direkt am Hafen liegt dieser Palast nach italienischem Vorbild, der beinahe auch in Venedig stehen könnte und 1640 von einem reichen Reeder erbaut wurde. Die spanische Infantin Maria Teresa residierte hier zusammen mit ihrer Schwiegermutter, bevor sie Ludwig XIV. heiratete. Im Innern gibt es einen monumentalen Kamin und kunstvoll bemalte Holzbalkendecken zu entdecken.

■ 1, rue de l'Infante, Tel. 05 59 26 36 82, Juni–Mitte Nov. Di–Sa 11–12.30, 14.30–18.30, Mo nur 14.30–18.30 Uhr, 2,50 €, unter 18 J. frei.

Église St-Jean-Baptiste

| Kirche |

Ihre Größe ist den Hochzeitsfeierlichkeiten des Königspaares am 9. Juni 1660 geschuldet. Die Trauung fand allerdings in einer noch im Bau befindlichen Kirche statt, erst im 19. Jh. wurde sie fertiggestellt. Die imposante barocke Altarwand aus vergoldetem Holz ist die größte im Baskenland. Außer der Hochzeit gab es damals auch noch den Pyrenäenfrieden zu feiern, der ein Jahr zuvor zwischen Frankreich und Spanien geschlossen worden war und dann mit einer Spanierin an der Seite Ludwigs XIV. symbolisch besiegelt wurde. Platz für die Menschenmengen bei den Festlichkeiten war vorhanden, schaut man sich die großen Holzgalerien an drei Seiten des Baus an. Tatsächlich waren diese Galerien noch bis in die 1960er-Jahre ausschließlich Männern vorbehalten, während die Frauen unten auf den Bänken Platz nehmen mussten.

■ Rue Léon Gambetta

Im Blickpunkt

Die Basken und ihre Sprache (Euskara)

Anders als im spanischen Baskenland, das sich auch durch die blutige Vergangenheit des ETA-Terrors einen relativen Autonomiestatus in Spanien erkämpft hat, gehört der Norden des Baskenlandes zu Frankreich und zeigt wenig echte Unabhängigkeitsbestrebungen. Die Anerkennung der eigenen Identität eines »pays basque« innerhalb des Département Pyrénées-Orientales stand immer im Vordergrund. Die Einführung des Baskischen als zweiter Amtssprache neben dem Französischen scheiterte jedoch an der Pariser Zentralregierung. Dennoch findet man überall neben den französischen auch die Ortsbezeichnungen in Baskisch, einer isolierten Sprache, die mit keiner anderen heutigen Sprache in Europa verwandt ist und im französischen Baskenland von etwa einem Fünftel der 250 000 Einwohner beherrscht wird.

Parken

Die beiden großen Parkplätze am Boulevard du Commandant Passicot liegen zentral in Bahnhofsnähe.

Einkaufen

Maison Adam Macarons nach überliefertem Familienrezept sind hier der Verkaufsschlager. Bereits 1660 soll die Mutter Ludwigs XIV. ihnen erlegen sein, als sie zur Hochzeit ihres Sohnes die Maison Adam entdeckte. ■ 4–6, place Louis XIV, Tel. 05 59 26 03 54, www.maisonadam.fr, tgl. 9–19.30 Uhr

Les Halles de St-Jean-de-Luz In den alten Markthallen gibt es alles, was das Feinschmeckerherz begehrt. ■ Boulevard Victor Hugo, tgl. 7–13 Uhr, Di, Fr auch draußen Stände

Erlebnisse

Von Guéthary (per Zug ca. 10 Min.) kann man auf dem »sentier littoral«, dem Küstenweg, in 2,5 Std. zurückspazieren, mit wunderbaren Ausblicken aufs Meer und die Pyrenäen am Horizont. An kleinen Sandbuchten und einigen Bars vorbei erreicht man die malerische Landzunge Pointe Sainte-Barbe, die wieder den Blick auf St-Jean-de-Luz freigibt.

46 Ciboure

Hier wurde 1875 der Komponist des »Boléro« geboren: Maurice Ravel

Information

■ Office de Tourisme, 5, place Camille Jullian, 64500 Ciboure, Tel. 05 59 47 64 56, www.ciboure.fr

St-Jean-de-Luz gegenüber liegt Ciboure entlang der Mündung der Nivelle in die Biskaya. Besonders sehenswert ist die Uferstraße Quai Maurice Ravel. Eine der Häuserfassaden fällt mit ihrem geschwungenen, von Holland inspirierten Giebel völlig aus dem Rahmen (Nr. 27). Ein Kaufmann mit Kontakten nach Amsterdam ließ sie 1630 errichten. Kardinal Mazarin residierte in diesem Haus während der königlichen Hochzeit 1660. Über 200 Jahre später wurde hier Maurice Ravel geboren. Auch die schneeweiß getünchten Häuser mit dunkelrotem Fachwerk in der Rue de la Fontaine und der Rue Pocalette, die sich in der zweiten Reihe hinter der Uferpromenade entlangziehen, lohnen einen Spaziergang. Die Kirche Saint Vincent mit ihrem für das Baskenland ungewöhnlichen, achteckigen Turm hat ein schönes Renaissanceportal. Man betritt ein großes Raumvolumen mit den typischen gestaffelten Emporen aus dunklem Holz.

In der Umgebung

Château d'Urtubie

| Schloss |

So stellt man sich ein Schloss mit seinen Ecktürmen und dicken Mauern vor. Eine adlige Familie richtete sich im 14. Jh. hier ein und erhielt vom englischen König, der damals über den Südwesten Frankreichs herrschte, das Recht, die Burg weiter zu befestigen. Zur heutigen Größe wuchs das Schloss Anfang des 16. Jh. an. Der erweiterte Bergfried mit schöner Wendeltreppe stammt aus dieser Zeit. Heute entdeckt der Besucher im Innern eine wertvolle Sammlung von Wandteppichen, die die Hochzeit Ludwigs XIV. im nahen St-Jean-de-Luz schmückten.

Per Zahnradbahn hinauf zum Bergmassiv von La Rhune

Das Anwesen ist heute in Teilen ein charmantes Hotel. ■ 64122 Urrugne (D 810), Tel. 0559543115, www.chateaudurtubie.net, April–Okt 10.30–12.30, 14–18.15, Mitte Juli–Ende Aug. 10.30–13 und 14–18.15, Okt. bis 17.45 Uhr, 8,50 €, unter 17 J. 4,50 €

47 Ascain

Küstennah und doch fast in den Bergen: Hier ist der Lebensrhythmus ruhiger

Information

■ Office de Tourisme, Rue Oletako Bidea, 64065 Ascain , Tel. 0559540084, www.ascain-tourisme.fr

An den Ufern der schmalen Nivelle liegt dieses typische Dorf, das sich eine trutzige Kirchenvorhalle mit massivem Turm geleistet hat. Zum Chor führen ungewöhnlich viele Stufen hinauf, sodass die Altarschauwand mit ihren vergoldeten Heiligenfiguren umso mehr zum Blickfang wird. Dass das Meer in Ascain nicht mehr weit ist, zeigt sich an mehreren Votivschiffen, die dankbar an aus Seenot gerettete Dorfbewohner und Fischer erinnern.

In der Umgebung

Train de La Rhune

| Zahnradbahn |

23 *Der höchste Punkt entlang der französischen Atlantikküste*

Zum Bergmassiv von La Rhune führt eine Zahnradbahn hinauf. Auf knapp über 900 m fühlt man sich fast schon im Hochgebirge, denn das Wetter wechselt schnell und kann eine Auffahrt im Wolkennebel enden lassen. Bei klarem Wetter wird man mit dem Blick auf die nahen Pyrenäen, Spaniens Küste und das französische Baskenland bis weit hinauf nach Bayonne belohnt. La Rhune kann auch wandernd bezwungen werden. Ein gut ausgeschilderter Weg führt in 2,5 Std. hinauf zum Gipfel, wo dann die Bahnfahrer schon beim baskischen Bier sitzen. Doch der Panorama-

ADAC Wussten Sie schon?

Die **Baskenmütze** hat sich dermaßen als französisches Nationalsymbol etabliert, dass während der Besatzungszeit durch die Deutschen im Zweiten Weltkrieg das Tragen dieser »Franzosenmütze« als Ausdruck des Widerstands angesehen wurde und sie daraufhin verboten wurde. Doch was hat die Mütze mit den Basken zu tun? Eigentlich stammt sie ursprünglich aus dem Béarn, einem dem Baskenland benachbarten Landstrich am Fuße der Pyrenäen, wo sie von Hirten getragen wurde. Als jedoch Kaiser Napoleon III. Mitte des 19. Jh. die Filzkappe bei seinem Besuch in Biarritz auf den Köpfen der dortigen Basken entdeckte, taufte er sie kurzerhand »béret basque«, Baskenmütze.

blick ist nach einer Wanderung vielleicht noch überwältigender (Infos an der Talstation). ■ Col de Saint-Ignace, 64310 Sare, www.rhune.com, Tel. 05 59 54 20 26, Juni–Anf. Nov. alle 40 Min. 9.30–16, Juli/Aug. 8.20–17.30 Uhr, hin und zurück 22 €, 4–12 J. 15 €

48 Sare

Beliebt bei Wanderern, die für die Besteigung der Pyrenäen üben

Information

■ Office de Tourisme, Quartier Bourg, 64310 Sare, Tel. 05 59 54 20 14, www.sare.fr

Kurt Tucholsky schrieb: »Baskische Sitten ... Eine ist in ganz Frankreich bekannt, und es ist das erste Wort, das einem entgegentönt, wenn man von den Basken spricht: Schmuggler.« Sare und sein bergiges Umland sind und waren Grenzgebiet zu Spanien und machten einst das Dorf zu einem Hauptumschlagplatz von Schmugglerware aus dem spanischen Navarra. Man muss damit eindeutig gut verdient haben, wie die Größe und die Ausstattung der Kirche ebenso wie die stattlichen Gebäude aus dem 18. und 19. Jh. zeigen, die rings um den Dorfplatz stehen. Der Kirchenbau mit seinem gewaltigen Turm, der an eine Burg erinnert, ist innen prächtig bemalt.

Restaurants

24 **€ | Mimosa** Junge Küche in altem Gemäuer. Mathilde und Mathieu haben bei Pariser Sterneköchen gelernt, aber ihre fantasievollen Menüs sind unschlagbar günstig und gut.

■ Place du Village, Tel. 05 59 26 57 66, www.restaurant-bar-mimosa.fr, Di und Mi geschl.

Wandern

Direkt vom Kirchplatz von Sare aus führt der rot-weiß markierte Wanderweg GR 10 hinauf zum Gipfel von La Rhune. Wer einmal der spanischen Grenze ganz nah kommen möchte, denn sie verläuft dort oben, der muss drei Stunden einplanen und sehr sportliche 800 Höhenmeter bewältigen. Der Wanderweg kreuzt beim Aufstieg die Schienen des Train de la Rhune und spätestens hier bieten sich die herrlichsten Ausblicke auf das schroffe Bergmassiv. Bei schönem Wetter ist dem trainierten Wanderer ein großes Erlebnis sicher.

 Ainhoa

 *Gehoben wohnen und speisen – in Ainhoas exklusiven Etablissements*

Information

■ Bureau d'Accueil Touristique, Le bourg, 64250 Ainhoa, Tel. 05 59 29 93 99, www.en-pays-basque.fr/territoires-et-destinations/vallee-de-la-nivelle/ainhoa/

Schwer zu sagen, was zuerst ins Auge fällt: die gepflegten rot-weißen Häuserfassaden aus dem 18. Jh., die beiden sich gegenüber liegenden 4-Sterne-Hotels mit ihren Gourmetrestaurants oder die beiden Friedhöfe, die die schmucke Kirche umrahmen. Kaum 700 Einwohner zählt das Dorf, das sich ganz offiziell zu den »schönsten Dörfern Frankreichs« rechnen darf. Es besteht fast nur aus einer schnurgeraden Hauptstraße mit dem »frontón«, dem Gemeindeplatz, in der Mitte. Hier werden Feste gefeiert oder die Dorfbewohner messen sich im traditionellen Ballspiel »pelota«. Direkt nebenan erwartet den neugierigen Besucher die imposante Kirche, in der eine beinahe schon übertrieben farbige Chorausmalung aus dem 17. Jh. überrascht.

 Restaurants

€€€ | **Ithurria** Hier beweist das Baskenland, dass es kulinarisch ganz oben mitspielt. Der junge Chef Xavier Isabal hat sich einen Stern im Guide Michelin erkocht. ■ Place du Fronton, Tel. 05 59 29 92 11, www.ithurria.com, Fr–Mo 12–14, 19.30–21 Uhr, Di und Do nur abends, 85 und 125 € (nur abends). Das Bistrot ist günstiger (nur mittags Fr–Di).

Ainhoa zählt zu den schönsten Dörfern Frankreichs

50 Cambo-les-Bains

Die Heilquellen lockten schon englische und französische Monarchen an

Information

- Office de Tourisme, 3, avenue de la Mairie, 64250 Cambo-les-Bains, Tel. 05 59 29 70 25, www.cambolesbains.com
- Parken: siehe S. 169

Die Heilwirkung von schwefel- und eisenhaltigen Thermalquellen allein kann es nicht gewesen sein, die Schriftsteller wie Edmond Rostand, Pierre Loti oder Weltstars wie Sarah Bernhardt nach Cambo-les-Bains zog. Das milde Klima und die herrliche Lage oberhalb des Nive-Tals, aber auch die nachgewiesenen Kuraufenthalte Napoleons III. und Edward VII. von England sorgten für das Renommee des Ortes. Tatsächlich sind der Besuch der opulent ausgemalten Kirche St-Laurent mit Aussichtsterrasse hinter dem Chor und ein Spaziergang in den prächtigen Kuranlagen am Nive-Ufer ein Muss.

Sehenswert

Villa Arnaga-Musée Edmond-Rostand

| Museum |

Der aus reichem provenzalischem Elternhaus stammende Schriftsteller Edmond Rostand, Autor des weltberühmten Versdramas »Cyrano de Bergerac«, ließ sich mit seiner Frau Rosemond Gérard Anfang des 20. Jh. die Villa Arnaga samt Gärten im neobaskischen Stil erbauen. Angelehnt an die rot-weiß getünchten großen Herrenhäuser der Gegend mit asymmetrischem Dach entstand ein luxuriöses Refugium mit chinesischem Salon, einer Cyrano de Bergerac gewidmeten Bibliothek, einem Büro im Empire-Stil und Privaträumen des Ehepaars und ihrer Kinder im Rokoko- und Jugendstil-Ambiente des Baskenlands. Leicht abweichend von den Vorbildern lassen große Fensteröffnungen Licht und Luft in die mondäne Villa. Parks im englischen Stil und Gärten à la française rechtfertigen den zu Werbezwecken kreierten Begriff vom »kleinen Versail-

Im Blickpunkt

Der Basken liebster Sport: Pelota

Im Baskenland tauchen sie auch im kleinsten Dorf auf: Spielfelder mit einer hohen, oben abgerundeten Wand an der Schmalseite. Auf den »frontón« wird Pelota gespielt, das Rückschlagspiel mit einem Ball aus Leder oder Gummi, den die Spieler (meistens zwei gegen zwei) mit der Handinnenfläche, einem Holzschläger oder einem Handschuh, an dem ein länglicher Weidenkorb befestigt ist, mit großer Leidenschaft spielen. Pelota hat im Baskenland einen Stellenwert wie anderswo Fussball. Es geht darum, sich den Ball über die Wand zuzuspielen und dabei den Gegner zu Fehlern bei der Annahme oder beim Rückspiel zu zwingen. Das Spiel ähnelt Squash und kann auch in geschlossenen Räumen, »trinquets«, stattfinden. Bei Volksfesten kann man sich unter die Zuschauer mischen und dem schnellen Spiel zuschauen.

les inmitten des Baskenlands«. Auf der 12-Hektar-Domaine verbringt man gerne mindestens zwei Stunden.
■ Avenue du Docteur Camino (D 410), Tel. 05 59 29 83 92, www.arnaga.com, April–Juni, Sept.–Anf. Nov. 9.20–12.30, 14–18, Juli/Aug. 10–19 Uhr, 9 €, 7–11 J. 2,50 €, 12–18 J. und Studenten 4 €

Parken

Nur wenige Parkplätze befinden sich im Zentrum, daher sollte das Auto am besten neben dem Kreisverkehr zwischen der Allée Edmond Rostand und der Avenue de l'Espagne geparkt werden.

Restaurants

€€ | Le Bellevue In einer alten Poststation wurden Hotel und Restaurant eingerichtet. Das Haus liegt an der schmalen Straße von der Kirche zum Zentrum und bietet herrliche Blicke von der Terrasse und einheimische Spezialitäten auf den Tellern. ■ 29, rue des Terrasses, Tel. 05 59 93 75 75, www.hotel-bellevue64.fr, Menüs 30 und 35 €

51 Espelette

Seit fast 400 Jahren lebt man hier von der roten Schote, dem Piment d'Espelette

Information

■ Office de Tourisme, 145 Karrika Nagusia, 64250 Espelette, Tel. 05 59 93 95 02, www.espelette.fr

Seit das kleine Dorf in aller Welt für sein Gewürz Piment d'Espelette bekannt ist, hat es sich herausgeputzt, Bausubstanz restauriert und unzähligen Boutiquen Platz eingeräumt, um hier alle möglichen Verwendungsarten des Piment in Ölen, Pasteten, Würsten oder einfach nur als Puder an Scharen von Touristen verkaufen zu können. Mit Beginn des Herbstes dominiert an den Fassaden die Farbe Rot. Tausende von Pimentschoten hängen dann zum Trocknen an langen Schnüren dicht an dicht geknotet an den Hausgiebeln und Balkonen, um ununterbrochen fotografiert zu werden.

Restaurants

€ | Pottoka Der ambitionierten jungen Köchin Sabine Aguerre gelingt es, sich mit ihrer Speisekarte vom wenig abwechslungsreichen Angebot der umliegenden Bistros abzusetzen. ■ 5, place du Jeu de Paume, Tel. 05 59 93 90 92, www.pottoka-espelette.com, Di–Fr mittags, So abends gibt es Tapas

Events

Fête de Piment Ende Oktober ist es so weit: Tausende Besucher kommen in das kleine, aber touristisch gut erschlossene Dorf Espelette zur Fête de Piment. Das Gewürz Piment d'Espelette, das jeder kosmopolitische Koch im Regal stehen haben muss, wird aus einer roten Paprikasorte hergestellt. Die kleine Schote kam im 16. Jh. nach Espelette und ersetzte, zum Gewürz zermahlen, den schwarzen Pfeffer. Heute ist es das einzige Gewürz, das eine kontrollierte Herkunftsbezeichnung als Qualitätslabel trägt. Gefeiert wird mit viel Musik, Wein und natürlich mit einem Preis für den besten Piment-d'Espelette-Produzenten.
■ www.espelette-paysbasque.com/cote_detente/fete-piment.php

Übernachten

Die baskische Provinz Labourd, die am Atlantik liegt, ist so überschaubar, dass es nur zu entscheiden gilt, ob man im ruhigeren Hinterland oder in den gut besuchten Küstenorten auf Hotelsuche geht. Biarritz ist die teuerste Adresse mit breitem Angebot von der Luxusherberge bis zum einfachen Hotel. Ein idealer Standort könnte auch Bayonne sein, wo es gute Hotels zu zivilen Preisen gibt.

Bayonne 154

€ | Côte Basque Eher zweckmäßig eingerichtetes Hotel in einem schönen Altbau am anderen Adourufer, doch die Altstadt ist schnell zu erreichen. ■ 2, rue Maubec, 64100 Bayonne, Tel. 05 59 55 10 21, www.hotel-cotebasque.fr

€€ | Les Basses Pyrénées Schickes Hotel mit kleinem Restaurant, zeitgenössisch eingerichtet und in Teile der alten Stadtmauer integriert. ■ 13, rue Tour de Sault (Zufahrt mit dem Auto), 1, place des Victoires (zu Fuß), 64100 Bayonne, Tel. 05 59 25 70 88, www.hotel-bassespyrenees-bayonne.com

Biarritz 158

€€ | Best Western Kemaris Eher nüchterner Hotelbau, angenehm modern ausgestattet, in einer ruhigen Seitenstraße gelegen und nah zum Strand. ■ 34–35, avenue du Maréchal Joffre, 64200 Biarritz, Tel. 05 59 23 19 19, www.kemaris.fr

€€ | La Maison du Lierre Die große Villa vom Beginn des 20. Jh. bietet familiäre Atmosphäre mit Efeu (»lierre«) und Palmen im Garten. ■ 3, avenue du Jardin Public, 64200 Biarritz, Tel. 05 59 24 06 00, www.hotel-maisondulierre-biarritz.com/de

St-Jean-de-Luz 162

€€ | La Marisa Kleines familiäres Hotel nur 30 m vom Meer und feinem Sandstrand entfernt. ■ 16, rue Sopite, 64500 St-Jean-de-Luz, Tel. 05 59 26 95 46, www.hotel-lamarisa.com

Sare 166

€ | Lastiry Die wenigen Zimmer schmücken Bilder eines einheimischen Malers. Vor allem Restaurant und Terrasse überzeugen. ■ Place du Village, 64310 Sare, Tel. 05 59 22 24 30, www.hotel-lastiry-sare.com

Ainhoa 167

€€€ | Ithurria Stilvoller baskischer Altbau mit edlem Ambiente und Sterne-Restaurant, aber auch günstigem Bistro. ■ Place du Fronton, 64250 Ainhoa, Tel. 05 59 29 92 11, www.ithurria.com

Cambo-les-Bains 168

€€ | Trinquet Wunderschönes baskisches Haus, sehr geschmackvolle Zimmer und eine Pelota-Halle zum Zuschauen – Baskenland pur. ■ Rue du Trinquet, 64250 Cambo-les-Bains, Tel. 05 59 29 73 38, www.hotel-cambo-les-bains.fr

ADAC Service Französische Atlantikküste

Beim **ADAC Info-Service**, in den **ADAC Geschäftsstellen** sowie auf dem **Internetportal des ADAC** (adac.de) erhalten Sie Informationen zu den Dienstleistungen des Automobilclubs und zu Ihrem Reiseziel. So können Sie sich von der **ADAC Trips App** (adac.de/services/apps/trips) via Smartphone oder Tablet-PC inspirieren lassen oder als **ADAC Mitglied** das kostenlose **ADAC Tourset® Südwestfrankreich Atlantikküste** (adac.de/reise-freizeit/reiseplanung/tourset) mit vielen Reiseinfos und Karten anfordern. Bei Pannen und Notfällen steht Ihnen unser Team rund um die Uhr telefonisch und digital (adac.de/hilfe und ADAC Pannenhilfe App) zur Verfügung.

ADAC Info-Service

T 089 558 95 96 97
Infos zu allen ADAC Leistungen
(Mo–Sa 8–20 Uhr)

ADAC Pannenhilfe Deutschland

T 089 20 20 40 00, Mobil 22 22 22
(Verbindungskosten je nach
Netzbetreiber/Provider)

ADAC Ambulanz-Service

T +49 89 76 76 76, adac.de/ambulanzonline
(Erkrankung, Unfall, Verletzung,
Transportfragen, Todesfall)

ADAC Pannenhilfe Ausland

T +49 89 22 22 22
(Verbindungskosten je nach
Netzbetreiber/Provider)

Online-Angebote des ADAC für Ihre Reiseplanung

Service	Webadresse
Reiseinspirationen, -planung und -hinweise	adac.de/reise-freizeit/reiseplanung
Aktuelle Verkehrslage	adac.de/verkehr
Individuelle Routenplanung	adac.de/maps
Infos zu Tankstellen und Spritpreisen	adac.de/tanken
Infos zu mautpflichtigen Strecken	adac.de/reise-freizeit/maut-vignette
Infos zu Fährverbindungen	adac.de/faehren
Aktuelle Infos vor Reiseantritt	adac.de/tourmail
Informationen für Camper	adac.de/camping
Informationen für Motorrad- und Oldtimerfahrer	adac.de/reise-freizeit/reisen-motorrad-oldtimer
Informationen für Segler und Skipper	skipper.adac.de
ADAC Reiseangebote	adacreisen.de
ADAC Autovermietung	adac.de/autovermietung
ADAC Versicherungen für den Urlaub	adac.de/versicherungen
Weltweite Preisvorteile für ADAC Mitglieder	adac.de/vorteile-international
Telemedizinische Beratung	adac.de/meinmedical

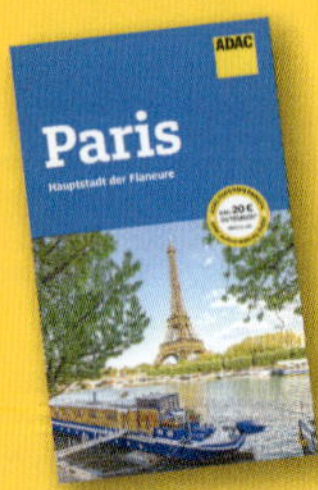

Diese **Produkte des ADAC** könnten Sie interessieren: **ADAC Reiseführer Paris, ADAC Reiseführer Bretagne** und **ADAC Campingführer Südeuropa** – erhältlich im Buchhandel, bei den ADAC Geschäftsstellen und in unserem ADAC Online-Shop (adac.de/shop).

Anreise und Einreise

Auto

Das Zielgebiet ist von Deutschland aus am besten über Paris erreichbar (Grenzen bei Saarbrücken bzw. Straßburg). Südlich von Paris führt die **A 11** diejenigen über Le Mans und Angers nach Nantes, die die Atlantikküste der Vendée auf der Höhe der Île de Noirmoutier erreichen wollen. Die **A 10** führt über Orléans, Tours und Poitiers direkt nach Bordeaux. Von Paris nach Bordeaux sind es 580 km. Etwa gleich lang ist der Weg von Lyon nach Bordeaux, der sich für Reisende aus Österreich oder der Schweiz über die **A 89** anbietet.

Bahn und Bus

Die schnellste **Bahnverbindung** von Deutschland, Österreich und der Schweiz aus führt immer über Paris. Hier muss allerdings der Bahnhof gewechselt werden (Gare du Nord/de l'Est/de Lyon zur Gare Montparnasse). Seit 2017 fährt der **TGV** auf der neuen Hochgeschwindigkeitsstrecke in 2 Std. und 4 Min. nonstop von Paris-Montparnasse nach Bordeaux (Paris nach Nantes: 2 Std., Paris nach La Rochelle: 2,5 Std., Paris nach St-Jean-de-Luz: 4,5 Std.). Informationen und Online-Buchung: www.bahn.de oder www.sncf-connect.com

BlablaCar, ein Ableger der französischen Staatsbahn, fährt mehrmals wöchentlich preisgünstig von deutschen Städten aus nach Bordeaux und Bayonne. Informationen: www.blablacar.fr. **FlixBus** fährt mehrmals wöchentlich von Frankfurt/M. mit Umsteigen in Paris über Poitiers und Bordeaux ins Baskenland nach Bayonne (Reisezeit ca. 22 Std.). Informationen und Online-Buchung: www.flixbus.de.

Flugzeug

Es gibt tägliche Flugverbindungen mit Air France (www.airfrance.fr) von Paris (PAR) nach Bordeaux (BOD) und Biarritz (BIQ). **Direktflüge** aus Deutschland nach Bordeaux bieten Volotea (www.volotea.com) ab Düsseldorf und Lufthansa (www.lufthansa.com) ab Frankfurt/M. an. SWISS (www.swiss.com) startet ab Zürich nach Bordeaux. EasyJet (ww.easyjet.com) bietet Flüge nach Bordeaux ab Berlin und Basel-Mühlhausen an. In den Sommermonaten fliegt easyJet ab Basel-Mühlhausen direkt nach Biarritz. Außerdem gibt es eine Direktverbindung der Lufthansa von Frankfurt/M. nach Nantes. Der Flughafen **Bordeaux-Mérignac** liegt rund 10 km westlich der Stadt, Tel. 05 56 34 50 50, www.bordeaux.aeroport.fr, der Flughafen **Biarritz-Anglet-Bayonne** ist je 5 km von Biarritz und Bayonne entfernt, www.biarritz.aeroport.fr.

Einreise und Dokumente

EU-Bürger reisen mit **Personalausweis** oder **Reisepass**, Schweizer mit Reisepass oder Identitätskarte nach Frankreich ein. Für Kinder bis zum vollendeten zwölften Lebensjahr genügt ein **Kinderreisepass**. Wir empfehlen, vor Reiseantritt eine Fotokopie Ihrer Reisedokumente anzufertigen und diese getrennt von den Originaldokumenten aufzubewahren, um bei Verlust abgesichert zu sein.

Auto und Straßenverkehr

Führerschein und Papiere

Autofahrer benötigen einen nationalen Führerschein, den **Kfz-Schein** sowie ein **Nationalitätskennzeichen**, sofern das Auto kein Euro-Nummernschild hat.

Die Mitnahme der Internationalen **Grünen Versicherungskarte** wird empfohlen, da sie als Versicherungsnachweis dient und bei einem Unfall die Abwicklung erleichtert.

Tempolimits in Frankreich

(Ausnahmen siehe Verkehrsvorschriften)

Straße	Tempolimit
Autobahn	max. 130 km/h (110 km/h bei Regen)
Schnellstraße	max. 110 km/h
Landstraße	max. 80 km/h (Str. o. Mittelbarriere)
Ortschaft	max. 50 km/h

Straßennetz und Sicherheit

Frankreichs **Autobahn- und Fernstraßennetz** ist dicht, gut ausgebaut und in sehr gutem Zustand. Bei längeren Überlandstrecken liegen auf Autobahnen, aber auch Schnellstraßen zwischen zwei Ausfahrten oft Dutzende Kilometer, was beim Ansteuern des Zieles frühzeitig mitgeplant werden sollte. Auch kleinere **Landstraßen** sind problem- und risikolos befahrbar.

Verkehrsvorschriften

Zu den **Höchstgeschwindigkeiten** siehe Tabelle oben. Frankreich hat sehr viele **Radargeräte** zur Geschwindigkeitsüberprüfung fest installiert. Diese überwachten Zonen sind deutlich durch Warnschilder mit der Aufschrift »contrôles automatiques« gekennzeichnet. Geschwindigkeitskontrollen sind häufig, Verstöße werden mit teilweise hohen Bußgeldern vor Ort geahndet. Für Fahranfänger gelten andere km/h-Tempolimits (außerorts 80 km/h, auf Schnellstraßen 100 km/h, auf Autobahnen 110 km/h). Die **Promillegrenze** liegt bei 0,5. Es ist verboten, während der Fahrt ohne **Freisprechanlage** zu telefonieren. Für Motorradfahrer gilt **Helmpflicht**.

In Frankreich ist der **Kreisverkehr** sehr häufig. Wenn nicht anders beschildert, gilt die Rechts-vor-links-Regel, d. h. Vorfahrt hat das in den Kreisel einfahrende Kfz. Im mehrspurigen Kreisverkehr muss, wer von der Innen- auf die Außenspur wechseln will, der Außenspur Vorfahrt gewähren.

Parken

Ein Parkplatz findet sich in ländlichen Regionen problemlos, in den Städten, und dort vor allem in den innerstädtischen Bereichen, sind Stellplätze aber gefragt. Hier es ist es häufig sinnvoller, in **Parkhäuser** am Stadtrand auszuweichen. Das gilt insbesondere für Bordeaux. An den Küsten sind in den Ferienmonaten die Parkplätze oft überfüllt. Das »wilde« Parken am Straßenrand ist nicht zu empfehlen, wird aber meistens geduldet, wenn der Verkehr nicht behindert wird. Informationen zu Parkplätzen in den einzelnen Städten finden Sie im Reiseführer unter der Rubrik Parken.

Verkehrsschilder

Im **Baskenland** werden die Ortsnamen auf den Verkehrsschildern konsequent doppelt aufgeführt, auf Französisch und Baskisch (z. B. St-Jean-de-Luz/Donibane Lohizune).

Tanken

Das Netz an Tankstellen ist allgemein dicht (außer in den Landes). An **Autobahntankstellen** zahlt man häufig deutlich mehr für eine Tankfüllung als in Städten oder Gewerbegebieten. Im **Baskenland** befinden sich die meisten Tankstellen an der Küste.

Maut

Für die Benutzung französischer Autobahnen wird eine **Mautgebühr** (»péage«) verlangt, die sich nach der Größe und der Achsenanzahl des Fahrzeugs richtet. Sie kann an den Mautstationen mit allen gängigen **Kreditkarten**, aber nicht mit der Maestro-Karte bezahlt werden. Gelegentlich lässt sic sich auch noch in bar entrichten, aber die Anzahl der mit Personal besetzten Schalter nimmt kontinuierlich ab. Für die Strecke von Paris nach Bordeaux (A 10) werden ca. 60 € berechnet. Wer über Nantes in die nördliche Vendée reisen möchte (400 km über A 11), muss 42 € bezahlen und von Lyon nach Bordeaux (550 km über A 89) sind es 50 €.

Panne und Unfall

Nach einem Unfall sollten Sie sofort anhalten, die Unfallstelle absichern und Erste Hilfe leisten. Bei Personenschaden müssen Sie zwingend die Polizei verständigen (Notruf: 112). Die **Notrufzentrale des ADAC** erreichen Sie bei Fahrzeugpannen und -unfällen unter Tel. +49/89/22 22 22.

Unbedingt Kennzeichen, Namen und Anschrift von Fahrern und Haltern der beteiligten Fahrzeuge sowie deren Haftpflichtversicherung und Versicherungsnummer notieren (**Unfallprotokoll**: frz. »constat à l'amiable«). Außerdem die Namen von (möglichst neutralen) Unfallzeugen festhalten und die Unfallstelle fotografieren. Unterzeichnen Sie keine fremdsprachigen Schriftstücke, deren Inhalt Ihnen nicht verständlich ist. Lassen Sie sich bei Problemen vom ADAC beraten (Tel. 0800/510 11 12). Ihre **Schadensersatzansprüche** können Sie bei der gegnerischen Versicherung in Frankreich oder über einen Regulierungsbeauftragten der französischen Haftpflichtversicherung in Deutschland geltend machen, der Ihnen über den Zentralruf der Autoversicherer vermittelt wird.

Zentralruf der Autoversicherer Auskunftsstelle/GDV

■ Glockengießerwall 1, 20095 Hamburg, Tel. 0800/250 26 00, +49/403 00 33 03 00, www. gdv-dl.de

Barrierefreies Reisen

Der französische Staat hat die Gütesiegel »**Tourisme & Handicap**« und »**Le Tourisme pour tous** « geschaffen, um damit bisher 5500 touristische Orte und Einrichtungen zu markieren, die behindertengerecht ausgestattet sind. Beim Verein »**Tourisme & Handicap**« gibt es weitere Informationen (www. tourisme-handicap.gouv.fr) und auch über die Internetseite des französischen Fremdenverkehrsbüros unter dem Suchbegriff »barrierefrei« (www. de.france.fr/de).

Diplomatische Vertretungen

Die Auslandsvertretungen Ihres Heimatlandes helfen Ihnen, wenn Sie Reisedokumente verloren haben.

Deutsches Generalkonsulat in Bordeaux

■ 35, cours de Verdun, 33000 Bordeaux, Tel. 05 56 17 12 22, www.allemagneenfrance.diplo.de

Österreichisches Honorarkonsulat in Bordeaux

■ 88, quai de Bacalan, 33300 Bordeaux, Tel. 05 56 00 00 70, www.amb-autriche.fr

Festivals und Events

April

Foire au Jambon (www.foireaujambon.fr) – In der Altstadt von Bayonne dreht sich alles um den heimischen Schinken.

Mai

Fête de la Mer (www.mimizan-tourisme.com) – Festumzüge am 1. Mai, die in Mimizan mit Ehrfurcht das Meer feiern.

Juni

Bordeaux Fête le Vin (www.bordeaux-fete-le-vin.com) – Während des Festes fließen Bordelaiser Weine in Strömen.

Fêtes de la St-Jean (www.saint-jean-de-luz.com) – Volksfest zu Ehren des Stadtpatrons mit Umzügen und Feuerwerk in St-Jean-de-Luz.

Fêtes de Bayonne

Festival Internationale du Film (www.festival-larochelle.org) – Festival mit in- und ausländischen Filmproduktionen in La Rochelle.

Juli

Francofolies (www.francofolies.fr) – Freiluftkonzerte von französischem Rock bis Chanson in La Rochelle.

Festival de Saintes (www.abbayeauxdames.org/festival-de-saintes/) – Klassische Musik und Gesang in der Abtei von Saintes.

Fêtes de Bayonne (fetes.bayonne.fr) – Bayonner Stadtfest ganz in Rot, Umzüge mit historischen Figuren.

August

Fête de Dax (www.daxlaferia.fr) – Um den 15. August, traditionelle Tänze und Stierkampf.

Festival Musique en Côte basque (www.musiquecotebasque.fr) – Konzerte mit klassischer Musik und Gesang.

September

Marathon du Médoc (www.marathondumedoc.com) – Marathon durch die Weinfelder des Médoc.

Toros y Salsa (www.daxlaferia.fr/evenement/toros-y-salsa/) – Dax feiert Salsa tanzend, begleitet von Stierkämpfen.

Le Temps d'aimer (www.letempsdaimer.com) – Modernes Tanzfestival mit internationaler Besetzung in Biarritz.

Oktober

Fête de Piment (www.espelette.fr) – Espelette feiert zwei Tage lang das Gewürz, mit dem der Ort bekannt wurde: Piment d'Espelette.

Festival International des Arts – FAB (fab.festivalbordeaux.com) – Das Festival zeigt Kunst in all ihren Formen: von Theater über Tanz und Performance bis zu Poesie.

Schweizerisches Konsulat in Bordeaux

22, rue Le Chapelier, 33000 Bordeaux, Tel. 09 50 41 40 95, www.eda.admin.ch/paris

Feiertage

1. Januar (Neujahr), Ostermontag, 1. Mai (Tag der Arbeit), 8. Mai (Tag des Sieges 1945), Christi Himmelfahrt, Pfingstsonntag, 14. Juli (Nationalfeiertag in Erinnerung an den Sturm auf die Bastille 1789), 15. August (Mariä Himmelfahrt), 1. November (Allerheiligen), 11. November (Tag des Waffenstillstands 1918), 25. Dezember (Weihnachten).

Geld und Währung

Frankreich gehört zur **Euro-Zone**. Das Bezahlen mit **EC- oder Kreditkarten** ist hier weit verbreitet. An allen **Geldautomaten** (»guichet automatique«) mit dem Maestro-Zeichen kann man mit der Bankkarte und dem Pin-Code Geld abheben. **Banken** haben Mo–Fr 9–13 und 14.30–17 Uhr geöffnet, größere Filialen auch durchgehend. Bei einem **Kartenverlust** können alle gängigen Bank- und Kreditkarten unter Tel. +49 11 61 16 (www.sperr-notruf.de) gesperrt werden. Dafür benötigt man die Kontonummer und die Bankleitzahl.

Frankreich zählt immer schon zu den teuersten Ländern in Europa (Mehrwertsteuersatz 20%) und **Preise** für Lebensmittel und Restaurantbesuche sind dementsprechend höher als in Deutschland. Ein Mittagsgericht in einem Restaurant kostet durchschnittlich zwischen 20 und 25 €, ein Abendessen zwischen 25 und 35 €.

Kosten im Urlaub
(durchschnittliches Preisniveau)

Tasse Kaffee	3 €
Softdrink	4 €
Glas Bier (0,4 l)	6 €
Glas Wein (0,2 l)	6 €
Hauptgericht	25 €
Mietwagen/Tag	65 €

Gesundheit

Das französische Gesundheitssystem hat einen hohen Standard. Mit der **Europäischen Krankenversichertenkarte** (EHIC) kann man in Frankreich einen Arzt aufsuchen. Die meisten Ärzte des Landes sprechen Englisch und sogar Deutsch. Ohne die EHIC sind die Kosten vorzustrecken und werden in einem komplizierten Verfahren gegen Vorlage einer Quittung (»feuille de soins«) teilweise erstattet. Da die EHIC nur eine Grundversorgung abdeckt, ist es immer ratsam, eine zusätzliche **private Auslandskrankenversicherung** abzuschließen.

Apotheken sind in der Regel Mo–Sa von 8.30–20 Uhr geöffnet, manchmal auch sonntags. Eine Notfallapotheke in der Nähe lässt sich unter www.pharmaciedegarde.co suchen.

Das **Leitungswasser** kann überall ohne Bedenken getrunken werden. Wer die französische Atlantikküste im Sommer bereist, sollte Sonnencreme, Sonnenbrille und Kopfbedeckung einpacken. Da hier oft ein frischer Wind weht, wird die UV-Strahlung häufig unterschätzt, vor allem an den südlichen Stränden des Baskenlandes. Wer im Marais Poitevin unterwegs ist, sollte zudem an ein Mückenschutzmittel denken.

Haustiere

Pro Person dürfen im **grenzüberschreitenden Reiseverkehr** innerhalb der EU höchstens 5 Heimtiere (Hunde, Katzen, Frettchen) mitgeführt werden. Für jedes dieser Tiere ist ein von einem niedergelassenen und nach Landesrecht dazu ermächtigten Tierarzt ausgestellter **EU-Heimtierausweis** mitzuführen. Jedes Tier muss mittels **Tätowierung oder Mikrochip** identifizierbar und die Kennzeichnungsnummer im Pass eingetragen sein. Zudem muss der Heimtierausweis den tierärztlichen Nachweis enthalten, dass das Tier über einen gültigen Impfschutz gegen Tollwut verfügt. Im Falle einer Erstimpfung muss diese mindestens 21 Tage vor dem Grenzübertritt erfolgt sein. Für Hunde sind Leine und Maulkorb mitzuführen.

Information

Allgemeine Infos zu Frankreich und Hotelbuchungen bietet die Französische Zentrale für Tourismus Atout France.

Atout France (Explore France)

- www.france.fr/de

Die Regionen Nouvelle-Aquitaine und Pays de la Loire (zu der das Département Vendée gehört) besitzen jeweils eigene Tourismusbüros (»Comité Régional de Tourisme«) und stellen sich vor unter: ww.atlantikkustefrankreich.de

- 4, place Jean Jaurès, 33000 Bordeaux, Tel. 05 56 01 70 00, www.nouvelle-aquitaine-tourisme.com/de
- 7, rue du Général de Bollardière, CS 80221, 44202 Nantes cedex 2, Tel. 02 40 89 89 89, www.loiretal-atlantik.com

Detaillierte Informationen zu den einzelnen Départements auch unter:

- www.vendee-tourismus.de
- www.infiniment-charentes.com
- www.gironde-tourisme.com/de
- www.landes-ferien.com
- www.biarritz-pays-basque.com/de

Klima und beste Reisezeit

Klimatabelle Bordeaux

Monat	Luft (°C) (min./max.)	Sonne (h/Tag)	Regentage	Wasser (°C)
Jan.	2/9	3	16	11
Feb.	2/11	4	13	11
März	4/15	6	13	11
April	5/17	6	13	12
Mai	9/20	7	14	14
Juni	12/24	8	11	16
Juli	14/25	8	11	18
Aug.	15/26	8	12	19
Sept.	12/23	8	13	19
Okt.	8/17	6	14	16
Nov.	5/13	3	15	14
Dez.	3/9	2	17	13

Die Atlantikküste zeichnet sich fast ganzjährig durch **mildes Klima** und sonnenreiche Sommer aus. Dennoch kann es häufig zu Regen kommen, der aber außer im Winter nicht lange anhält. Ab Ende Juni und bis in den September sind die **Wassertemperaturen** mit etwa 20 °C für die meisten Badegäste akzeptabel. In den letzten Jahren gab es in Biarritz bis in den November **Außentemperaturen** von über 25 °C. Die **Hochsaison** mit den meisten Feriengästen fällt aufgrund der Sommerferien in Frankreich in die Zeit von Anfang

Juli bis Ende August. Im Hinterland nimmt der Ansturm der Urlauber mit der Entfernung vom Küstenstreifen allmählich ab.

Nachtleben

Die Angebote, sich ins Nachtleben zu stürzen, sind saisonal sehr unterschiedlich. Außer in den größeren Städten, allen voran **Bordeaux**, in denen Bars, Clubs und Diskotheken ganzjährig geöffnet sind, lässt sich in den **Küstenorten** lediglich während der Hauptsaison im Juli und August die Nacht zum Tag machen.

Notfall

Wählen Sie in Notfällen immer die gebührenfreie **europäische Notrufnummer 112**. Unter dieser Nummer erhalten Sie Hilfe von der Polizei, der Feuerwehr, einem Rettungswagen oder einem Notarzt. ADAC Mitglieder können sich in Notfällen auch rund um die Uhr an den **Auslandsnotruf des ADAC** unter Tel. +49/89/22 22 22 wenden. In vielen öffentlichen Gebäuden an belebten Plätzen befinden sich **Defibrilatoren**, die schon beim allerersten Auftreten Herzrhythmusstörungen beenden können. Sie sind durch das Wort »défibrilateur« gekennzeichnet.

- Polizei (»police«): Tel. 17
- Feuerwehr (»pompiers«): Tel. 18
- SOS Médecins (Arzt): Tel. 36 24

Öffnungszeiten

In der Regel haben die **Geschäfte** Mo–Sa von 9 bis mind. 19 Uhr geöffnet. Einige kleine Läden schließen mittags, insbesondere abseits der Küsten und außerhalb der Hochsaison. Lebensmittelgeschäfte sind auch So bis 13 Uhr geöffnet, dafür am Mo geschlossen. Einige **Museen** und Denkmäler sind Mo oder Di, am 1. Januar, am 1. Mai und am 25. Dezember geschlossen. Die meisten Museen und **Sehenswürdigkeiten** haben von 10–18 Uhr geöffnet, **Ruhetage** werden im Buch unter den jeweiligen Sehenswürdigkeiten genannt.

Post

Postämter (»bureau de poste«) haben Mo–Fr 8–19 Uhr, Sa 8–12 Uhr geöffnet, in kleineren Orten sind die Postämter über Mittag geschlossen. **Briefmarken** (»timbres«) können auch in Tabakläden gekauft werden (rotes »Tabac«-Schild). Für Briefe und Postkarten innerhalb Europas muss eine Briefmarke im Wert von 1,80 € gekauft werden.

Rauchen und Alkohol

Rauchen ist in Restaurants, Bars und anderen öffentlichen Einrichtungen verboten. **Alkohol** wird an Personen ab 18 Jahren in Bars ausgeschenkt oder in Läden verkauft.

Sicherheit

Bei einem **Verlust** oder einem **Diebstahl** von Ausweispapieren, Kreditkarten und Geld ist dies zunächst bei der örtlichen Polizei (»commissariat de police«) zu melden. Hier werden die entsprechenden Verlust- oder Diebstahlsanzeigen (»déclaration de perte/de vol«) ausgestellt. Danach kann die Rechts- und Konsularabteilung der Botschaften benachrichtigt werden. Wegen der vielen **Taschendiebe** sollte man

Wertsachen zu Hause lassen und Geld möglichst nicht offen zeigen. Auch die Geldbörse sollte man zugriffssicher aufbewahren. Der sicherste **Parkplatz** ist die Hotelgarage oder das öffentliche Parkhaus. Von einer Übernachtung im Auto auf Raststätten ist generell abzuraten. Hinweise auf die aktuelle **Terrorwarnstufe** gibt das Auswärtige Amt. Durch den Gezeitenwechsel können starke **Strömungen** entstehen. Auch die **Brandung** an den Surf-Hotspots ist oft gewaltig. Daher unbedingt auf die **Beflaggung** achten: Rot bedeutet absolutes Badeverbot, Gelb Gefahr, aber das Schwimmen ist möglich, Grün heißt Entwarnung.

Souvenirs

Souvenirs, die die Erinnerung an kulinarische Genüsse wachhalten, sind Cognac, der baskische Kräuterlikör Izarra, Bayonner Schinken oder Piment d'Espelette. Auch mit Baskenmützen oder baskischen Stoffen von Tissage de Luz lässt sich zu Hause punkten.

Sport

Angeln

Die Internetseite von Entrepecheurs verzeichnet alle **Angelplätze** in Frankreich. Hier wird auch fündig, wer in den Seen im Hinterland der Küste auf Fischfang gehen will: www.entrepecheurs.com. Wer für eine Ferienwoche oder auch nur für einen Tag eine **Lizenz** braucht, findet Informationen unter www.cartedepeche.fr. Die Lizenz lässt sich online kaufen und ausdrucken.

Golf

In der Region Nouvelle-Aquitaine und dem Département Vendée gibt es fast 100 **Golfplätze**, davon eine Vielzahl in Küstennähe und berühmte wie den von Biarritz. Auf den meisten darf man auch ohne Clubmitgliedschaft spielen. Informationen: www.ligue-golfna.org und für die sieben Plätze in der Vendée www.ligue-golf-paysdelaloire.asso.fr/v3/les-golfs-2.

Wandern

Küstenwanderungen bieten sich an, vor allem auf den im Atlantik gelegenen Inseln. Hier sind es die »sentiers du littoral«, die Küstenpfade, die meist sehr gut gekennzeichnet sind. Rot-weiß markierte Fernwanderwege, die GR (»sentiers de Grande Randonnée«), erschließen das Inland der Region. Hierbei sind die **Wanderkarten** im Maßstab 1:25000 (TOP 25) des Institut géographique national (IGN) nützlich, die vor Ort oder im Internet über loisirs.ign.fr bestellt werden können. Vorschläge für **Wanderungen** sind in den Topo-Guides veröffentlicht, z. B. zu Bordeaux, zum Bassin d'Arcachon oder zum Jakobsweg, der durch die Region führt. Wer mehr über das in Frankreich sehr beliebte Wandern erfahren will oder die Topo-Guides bestellen möchte: www.ffrandonnee.fr.

Wassersport

Segeln (»la voile«), **Windsurfen** (»planche à voile«) oder **Surfen** (»le surf«) ist an der gesamten Küste und auf den Inseln möglich und weit verbreitet. Zu Europas Hotspots für Surfer gehören Lacanau-Océan, Hossegor und natürlich Biarritz, wo die Begeisterung der Europäer für diesen Sport ihren Anfang nahm. Informationen: www.surfingfrance.com. Ausführlich über das Segeln informieren kann man sich unter www.ffvoile.fr. Wer direkt einen Club sucht: www.fairedelavoile.fr. Wer im Urlaub nicht auf das **Rudern** (»l'aviron«) verzichten will findet Informationen unter: www.ffaviron.fr **Kajak** (»kayak«) oder **Kanu** (»canoë«) kann man auf den vielen Binnenseen im Hinterland der Küste mieten, z. B. auf dem Lac d'Hourtin oder dem Étang de Sanguinet.

Strom und Steckdose

In Frankreich verwendet man **Steckdosen** vom Typ E, die Netzspannung beträgt wie in Deutschland 230 V bei einer Frequenz von 50 Hz. Wer aus der Schweiz oder aus Liechtenstein nach Frankreich einreist, benötigt, anders als Reisende aus Deutschland und Österreich, einen Adapter.

Telefon und Internet

Öffentliche **Telefonzellen** gibt es seit Ende 2017 nicht mehr in Frankreich. Handys (»portable«, »mobile«) funktionieren problemlos. Seit 2017 werden innerhalb der EU keine Roaminggebühren mehr erhoben, auch in Frankreich gilt also für deutsche Mobilfunkkunden der Inlandstarif. Tipps zum Mobiltelefonieren in Frankreich: www.teltarif.de/roaming/frankreich/

Internationale Vorwahlen:

- Frankreich 00 33
- Deutschland 00 49
- Österreich 00 43
- Schweiz 00 41

In Cafés und Restaurants gibt es fast immer kostenloses **WLAN** (»WiFi«). Auch der überwiegende Teil der Hotels bietet heute diesen Service an.

Trinkgeld

In Hotels und Restaurants sind 5–10 % des Rechnungsbetrags als Trinkgeld üblich, doch keineswegs für den Gast verpflichtend, denn Steuern und Bedienung sind eigentlich im Preis enthalten. Ein zufriedener Gast gibt jedoch nach eigenem Ermessen Trinkgeld. Dieses lässt man auf dem Tisch oder Tresen liegen, nachdem man sein Wechselgeld erhalten hat.

Umgangsformen

Zielstrebiges Zusteuern auf einen freien Platz wird in den meisten **Restaurants** nicht gern gesehen: Gäste bekommen einen Tisch zugewiesen! Bei **Bars** und kleinen **Bistros** ist das jedoch nicht der Fall. Will man nur rasch ein Sandwich verspeisen, bietet sich auch der Tresen in einer Bar oder einem Café an – im Stehen isst und trinkt es sich billiger. Die **Rechnung** im Restaurant wird für alle am Tisch ausgestellt, Einzelabrechnungen sind unüblich.

Unterkunft und Hotels

Camping

In Nouvelle-Aquitaine und der Vendée gibt es über 700 **Campingplätze**. Ein Großteil der Anlagen erfüllt hohe Standards. Ein Verzeichnis erhält man bei der Fédération française de camping-caravaning (www.ffcc.fr) oder unter www.camp-in-france.fr/fr. Auch www.campingfrance.com/de kann bei der Suche nach einem Campingplatz hilfreich sein.

Eine von ADAC Experten geprüfte Auswahl finden Sie im jährlich neu aufgelegten **ADAC Campingführer** sowie im **ADAC Stellplatzführer** (www.campingfuehrer.adac.de). Die Inhalte der Bücher gibt es auch als **App** für iPhone, iPad und Android-Geräte in den Appstores von Apple und Google. Achtung: Wildes Campen ist in Frankreich nicht erlaubt!

Ferienwohnungen und -häuser

Wie überall in Frankreich muss während der großen Sommerferien im Juli und August die Unterkunft unbedingt vorab reserviert werden. Die französische **Vermittlungszentrale** Pierre & Vacances bietet Ferienhäuser und -wohnungen auch an der Atlantikküste an (www.pierreetvacances.com/de). P&V unterhält sogar ganze Feriendörfer. Von der privaten Ferienwohnung bis hin zur luxuriösen Villa reichen die Angebote bei **Airbnb** (de.airbnb.com). Zusätzlich sollte man auch bei **Interchalet** (www.interchalet.de) suchen. Weitere gute Angebote gibt es unter www.fewo-direkt.de. Eine authentische und oft besonders charmante Art der Unterkunft sind Gästezimmer, Wohnungen oder ganze Ferienhäuser mit Familienanschluss, die in Frankreich als »**gites**« bekannt sind (de.gites-de-france.com). Wer Urlaub auf dem **Bauernhof** mit guter Küche sucht, wird fündig unter www.bienvenue-a-la-ferme.com

Hotels und Pensionen

Außer über die Verzeichnisse der örtlichen Tourismusbüros lassen sich auch im Internet **Hotels** oder **Pensionen** auffinden. Hier führt meistens die Suche nach Region oder Département (Gironde, Landes, Pyrénées-Atlantique, Vendée etc.) weiter. Hotels aller Preisklassen werden unter fr.federal-hotel.com angeboten. Gutbürgerliche Hotels mit Tradition firmieren unter dem Label **Logis de France** (www.logishotels.com/de). Auf der Suche nach sehr ruhig gelegenen Unterkünften wird man unter www.relaisdusilence.com fündig. Kleine Hotels mit viel Charme und meist familiär geführt sind unter www.iguide-hotels.com aufgelistet. Sehr stilvolle Häuser bietet www.chateauxhotels.de. Für besonders hohe Ansprüche kommen elegante Hotels in meist historischen Gebäuden infrage, zu finden unter www.relaischateaux.com/de

Jugendherbergen

Wer einen internationalen Jugendherbergsausweis besitzt, kann in Aquitanien in den »**Auberges de Jeunesse**« von Biarritz, La Rochelle, Poitiers und Saintes übernachten. Eine Übernachtung kostet zwischen 25 und 30 €, Frühstück eingeschlossen. Informationen gibt es beim französischen Jugendherbergsverband **Fédération Unie des Auberges de Jeunesse** (www.fuaj.org) und natürlich beim **internationalen Verband** (www.hihostels.com/de).

Verkehrsmittel im Land

Bahn

Mit der Bahn sind nur die wenigsten Orte am Atlantik untereinander verbunden. So führt eine **Nebenstrecke** von La Rochelle über Rochefort und Saintes nach Bordeaux. Weitere Verbindungen sind Saintes nach Royan und Cognac oder von Bordeaux hinauf ins Médoc oder in Richtung St-Émilion. Im Baskenland existiert noch die Nebenstrecke von Bayonne nach Combo-les-Bains. Die **TGV-Hauptstrecke** verbindet, von Paris kommend, Poitiers mit Bordeaux, Dax und dem Baskenland. Informationen und Fahrpläne unter: www.sncf-connect.com/de-de

Bus

Regionale Busnetze fangen das recht spärliche Angebot der Bahn auf. Auf der Webseite transports.nouvelle-aquitaine.fr lässt sich das Netz der Busverbindungen in der Region Nouvelle-Aquitaine überblicken. Für das Département der Vendée wird man fündig unter: dev-transports.paysdelaloire.fr/lignes-regulieres-en-vendee. **BlaBlaCar** (www.blablacar.fr/bus) und **Flixbus** (www.flixbus.de/busverbindung) bieten auch günstige Fahrten zwischen den größeren Städten der Atlantikregion an.

Fähre

Zur Abkürzung langer Fahrtstrecken etwa vom oder ins Médoc (an der Girondemündung oder von Blaye aus) sind Autofähren nützlich. **Personenfähren** setzen zu den Inseln über, die keine Brückenverbindung haben (Île d'Yeu, Île d'Aix), zum Phare de Cordouan oder zum Cap Ferret ab Arcachon (Infos unter dem Eintrag).

Fahrrad

Für die Entdeckung der Atlantikküste ist das Fahrrad ideal. Räder lassen sich in den meisten Küstenorten **mieten** und sind v. a. auf Inseln wie Île d'Yeu und Île d'Aix die beste Möglichkeit zur Erkundung. Von der Île de Noirmoutier bis zur spanischen Grenze gibt es größtenteils **Fahrradwege** (»pistes cyclables«). Die über 700 km lange Strecke ist gut bis sehr gut erschlossen. Diese Wege werden als »voies vertes« bezeichnet. Einzelne Streckenabschnitte sind im Internet genau dokumentiert: www.voiesvertes.com oder www.francevelotourisme.com. Eingebunden in ein europaweites Fahrradstreckennetz gehört der französische Abschnitt (La Vélodyssée) entlang der Atlantikküste zur Strecke EuroVelo 1, der geplanten Verbindung von Skandinavien bis zur Algarve (de.eurovelo.com). Unter www.lavelodyssee.com (frz., engl.) finden sich **Kartenmaterial** und Infos zu verschiedenen **Fahrradvermietern**.

Mietwagen

Zahlreiche nationale und internationale **Leihwagenfirmen** sind an allen größeren Bahnhöfen und Flughäfen vertreten. Eine **Online-Buchung** im Voraus ist besonders in der Hochsaison empfehlenswert und spart Kosten. Für Mitglieder bietet die **ADAC Autovermietung** (autovermietung.adac.de/mietwagen) günstige Konditionen.

Taxi

Eine Taxifahrt ist nur in Städten wie Bordeaux, Poitiers oder Bayonne problemlos zu organisieren, da es hier **Taxistände** gibt. Auf dem Land sind örtlicher Taxiunternehmen (und deren Preise) im **Tourismusbüro** zu erfragen.

Zollbestimmungen

Reisebedarf für den persönlichen Gebrauch unterliegt innerhalb der EU keinen Beschränkungen und darf abgabenfrei eingeführt werden. Richtmengen für privaten Verbrauch: 800 Zigaretten (4 Stangen) oder 1 kg Tabak, 10 l Spirituosen, 10 l Alkopops, max. 90 l Wein, davon 60 l Schaumwein, 110 l Bier, 10 kg Kaffee (www.zoll.de, App: Zoll und Reise, Österreich: www.bmf.gv.at/zoll).

Die Geschichte der französischen Atlantikküste

1000–600 v. Chr. Kelten erobern das heutige Frankreich bis zur Atlantikküste.

52 v. Chr. Die südliche Atlantikküste wird Teil der römischen Provinz Aquitania.

6. Jh. Vasconen, Vorfahren der Basken, lassen sich nördlich der Pyrenäen nieder.

7. Jh. Aquitanien, formal dem fränkischen Herrscher unterstellt, entwickelt sich zu einem souveränen Herzogtum.

732 Karl Martell besiegt die Araber bei Tours und Poitiers, die von Spanien bis zur Loire vorgedrungen waren.

10. Jh. Hunderttausende Pilger ziehen über die Pyrenäen zum Grab des Apostels Jakobus nach Galizien.

1137 Herzogin Eleonore von Aquitanien heiratet den französischen Thronfolger und späteren Ludwig VII.

1152 Eleonore heiratet Heinrich II. Plantagenet. Der englische König dehnt sein Reich bis an die Pyrenäen aus.

1154–1453 England herrscht über drei Jahrhunderte hinweg über Aquitanien.

1338 Beginn des Hundertjährigen Krieges um die französische Krone. Jeanne d'Arc entfacht den Patriotismus der Franzosen und führt Karl VII. zur Krönung nach Reims.

1453 Am Ende des Krieges fällt Aquitanien wieder an Frankreich.

1562 Die verheerenden Glaubenskriege zwischen französischen Protestanten und Katholiken beginnen.

1572 In der Bartholomäusnacht werden Tausende von Protestanten ermordet.

1593 Heinrich IV. tritt zum Katholizismus über, wird französischer König und gewährt Glaubensfreiheit in Städten wie La Rochelle.

1660 Ludwig XIV. heiratet die spanische Infantin in St-Jean-de-Luz.

14. Juli 1789 Mit dem Sturm auf die Bastille beginnt die Frz. Revolution.

1799 Napoleon Bonaparte ernennt sich zum ersten Konsul der französischen Republik und krönt sich später zum Kaiser.

1848 Die Februarrevolution bringt den Neffen Napoleons an die Staatsspitze. Er wird 1851 zu Kaiser Napoleon III.

1870/71 Im Deutsch-Französischen Krieg wird Bordeaux Regierungssitz.

1876 Der Weinbau im Bordelais stürzt durch die Reblausplage in eine Krise.

1940–1944 Die deutsche Wehrmacht besetzt die Atlantikküste. Bei Kriegsende wird Royan zerstört.

1998 Zahlreiche Baudenkmäler entlang dem Jakobsweg werden zum Weltkulturerbe der UNESCO erklärt.

2022 Verheerende Brände verwüsten Tausende Hektar Wald in den Landes.

2023 Wieder wüten Brände in der Region, v. a. südlich von Bordeaux.

Mit der Februarrevolution 1848 wird König Louis-Philippe I. abgesetzt

Französisch für die Reise

Das Wichtigste in Kürze

Ja/Nein	*Oui/Non*
Bitte/Danke	*S'il vous plaît/Merci*
Hallo!/Auf Wiedersehen!	*Salut!/Au revoir!*
Guten Morgen!/ Guten Tag!	*Bonjour!*
Guten Abend!/ Gute Nacht!	*Bonne nuit!*
Mein Name ist ...	*Je m'appelle*
Entschuldigung!	*Pardon!/Excuse(z)-moi!*
Achtung!/Vorsicht!	*Attention!*
Ich verstehe Sie nicht.	*Je ne vous comprends pas.*
Wie viel kostet das?	*Cela coûte combien?*
Damen/Herren	*femmes/hommes*
geöffnet/geschlossen	*ouvert/fermé*
gestern/heute/ morgen	*hier/aujourd'hui/ demain*
Wie viel Uhr ist es?	*Quelle heure est-il?*
Wo ist ...?	*Où se trouve ...?*
Wie weit ist ...?	*A quelle distance d'ici se trouve-t-il?*
Ist das der Weg nach ...?	*Est-ce que c'est le chemin pour ...?*
Nord/Süd/West/Ost	*nord/sud/ovest/est*
Ich möchte	*Je voudrais ...*
Die Rechnung, bitte	*L'addition, s'il vous plaît*
Restaurant	*restaurant*
Auto	*voiture*
Super/bleifrei/ Diesel	*super/sans plomb (=SP)/gasoil*
Tankstelle	*station d'essence*
Panne	*panne*
Hilfe!	*Au secours!*
Fahrrad	*bicyclette*
Bahnhof	*gare*
Busbahnhof	*gare de bus*
Flughafen	*aéroport*
Ausweis	*carte d'identité*
Bank/Geldautomat	*banque/distributeur de billets*
Arzt	*médecin*
Apotheke	*pharmacie*
Lebensmittelgeschäft	*épicerie*
Tourismusbüro	*office de tourisme*

Wochentage

Montag	*lundi*
Dienstag	*mardi*
Mittwoch	*mercredi*
Donnerstag	*jeudi*
Freitag	*vendredi*
Samstag	*samedi*
Sonntag	*dimanche*

Zahlen

1	*un*	8	*huit*
2	*deux*	9	*neuf*
3	*trois*	10	*dix*
4	*quatre*	11	*onze*
5	*cinq*	12	*douze*
6	*six*	100	*cent*
7	*sept*	1000	*mille*

Hinweise zur Aussprache

ai	wie ›ä‹, Bsp.: lait
au	wie ›o‹, Bsp.: auto, gauche
eu	wie ›ö‹, Bsp.: peu, deux
ou	wie ›u‹, Bsp.: rouge
ue	wie ›ü‹, Bsp.: rue, avenue
c	vor ›e‹ und ›i‹ wie ›s‹, Bsp.: ce, cide
c	vor ›a‹ und ›o‹ wie ›k‹, Bsp.: cabinet, compagnie
ch	wie ›sch‹ Bsp.: chips
h	am Wortanfang ist immer stumm, Bsp.: hommage
g	vor ›e‹ und ›i‹ wie ›dsch‹, Bsp.: gentille, gilet
gn	wie ›nj‹, Bsp.: cognac, agneau
p, s, t	am Wortende meist stumm, Bsp.: trop, très, mot
-tion	bei dieser Silbe ›t‹ wie ›s‹, Bsp.: nation
q, qu	wie ›k‹, Bsp.: coq, qui
v	wie ›w‹, Bsp.: vie
z	wie ›s‹, Bsp.: zéro

Register

Bildnachweis

Titel: Steinerne Brücke zur kleinen Felsinsel Rocher du Basta, Biarritz
Foto: **mauritius images** (age fotostock/Kord.com)
Rücktitel: Surfer an der Plage du Miramar, Biarritz
Foto: **Shutterstock.com** (Txus Lopez)

AWL Images: W. Bibikow 79; J. Warburton-Lee 113.1 – **Fotolia:** k. rtten 9.2; lili.b 93.2; gimsan 127; lamio 165 – **gemeinfrei:** 45 – **Getty Images:** Photononstop 117 – **Huber Images:** R. Spila 12/13; G. Gräfenhain 14/15, 16/17; C. Warren 72; Spiegelhalter 130/131; L. Vaccarella 159 – **imago images:** Andia 3.2 – **Jonas Fieder:** 40 – **La Cité du Vin:** Anaka/XTU architects 9.1 – **La Fabrique:** G. Delacuvellerie 136 – **laif:** Bertrand Gardel/hemis 2;HEMIS/Jacques 2/3; REA/C. Pasquini 29; KEYSTONE-FRANCE/GAMMA-RAPHO 51; C. Valentin/GAMMA-RAPHO 55; E. Martin/Le Figaro Magazine 99; H. Lenain/hemis.fr 109; Prignet/Le Figaro Magazine 121; P. Jacques/hemis.fr 140, 167 – **Lookphotos:** K. Jaeger 23; age fotostock 33, 75, 88; stravelstock44 71; Photononstop 89, 124, 147, 148; travelstock44 90; SagaPhoto 118; B. Merz 145 – **mauritius images:** imageBROKER/B. Jaubert 18; Rapp Halour/Alamy 35; age fotostock/Jean-M. Charles 43; The Picture Art Collection/Alamy 44; Godong/Alamy 46.2; P. Brye Alamy 47; S. Gérard/Alamy 49, 162; J. Knott/Alamy 54; Photononstop/N. Thibaut 56.1; J. Alba/Alamy 63.3; travelstock44/Alamy 58/59; S. Finn/Alamy 65.1; Roussel Images/Alamy 66/67; P. Karlsson/Alamy 76; K. Neuner 80; G. Prentice/Alamy 81; P. Turpin/Onoky 85; H. Maunder/Alamy 93.1; H. Lenain/Hemis.fr 100; L. Vallecillos/Alamy 104; P. Titmuss/Alamy 107; E. Bouloumie/hemis.fr 128; C. Bosworth/Alamy 132; Marcel/Alamy 139.1; P. Holden/Alamy 150; E. Lattes/Alamy 154; J. Elk III/Alamy 157; J. Loic/Onoky 192 – **picture alliance:** WILDLIFE/S. Müller 21; maxppp/D. Leriche 32; akg-images 36, 37, 46.1; dpa/O. Corral 39; G. Bonnaud/MAXPPP/dpa 42; akg-images 184 – **Shutterstock.com:** Shen max 3.1; A. Demyanenko 8/9; Oscity 10; S. Bidouze 11, 113.3; trabantos 19, 28; Stone73 20; bonchan 22; Y. Grigoryeva 24; P. Krzeslak 25; Pack-Shot 27; J. Kuznetsova 30; Victorpalych 31; G. Nabatnikova 34; Max Maximov MM 38; mimohe 41; EQRoy 48; Nel727 50; SpiritProd33 52; FreeProd33 56.2; Delpixel 60.1, 60.2, 176; Picturereflex 61.2; saranya33 61.3; Crobard 62.2; F. Monteil 62.3; H. Sadura 74; Arthur R 83; Y. Morin 86; Walencienne 94/95; Sasha64f 103, 143; O. Bakhirev 114/115; M. Lemahieu 129; E. Shmulev 135; jx1306 146; B. Cerovsek 153.1; sylv1rob1 153.2; I. Arbaizagoitia 153.3 – **stock.adobe.com:** guitou60 110

Markenlizenz der ADAC Medien und Reise GmbH, München

ISBN 978-3-98645-107-3

1. Auflage 2024

Autor: Jonas Fieder

Redaktion: Juliane Helf, Susanne Kronester-Ritter

Lektorat und Satz: Julia Niehaus, Thomas Rach, www.bintang-berlin.de

Bildredaktion: Dr. Nafsika Mylona

Reihengestaltung: Eva Stadler, München; Independent Medien Design, Horst Moser, München

Kartografie: Huber Kartographie GmbH, www.kartographie.de, Kunth Verlag GmbH & Co. KG, München

Herstellung: Felix Robitsch, Mendy Willerich

Druck + Bindung: Drukarnia Dimograf Sp z o. o. (Polen)

Ein Unternehmen der
GANSKE VERLAGSGRUPPE

Wichtiger Hinweis
Die Daten und Fakten für dieses Werk wurden mit äußerster Sorgfalt recherchiert und geprüft. Wir weisen jedoch darauf hin, dass diese Angaben häufig Veränderungen unterworfen sind und inhaltliche Fehler oder Auslassungen nicht völlig auszuschließen sind. Für eventuelle Fehler oder Auslassungen können Gräfe und Unzer, die ADAC Medien und Reise GmbH sowie deren Mitarbeiter und die Autoren keinerlei Verpflichtung und Haftung übernehmen. Alle Inhalte im Buch wenden sich an und gelten für alle Geschlechter (w/m/d). Soweit grammatikalisch männliche, weibliche oder neutrale Personenbezeichnungen verwendet werden, dient dies allein der besseren Lesbarkeit.

Ansprechpartner für den Anzeigenverkauf:
KV Kommunalverlag GmbH & Co. KG,
MediaCenter München,
Tel. 089/928 09 60

Bei Interesse an maßgeschneiderten B2B-Produkten:
b2b-kontakt@graefe-und-unzer.de

Leserservice
GRÄFE UND UNZER Verlag
Grillparzerstraße 12
81675 München
www.graefe-und-unzer.de

Umwelthinweis
Nachhaltigkeit ist uns sehr wichtig. Der Rohstoff Papier ist in der Buchproduktion hierfür von entscheidender Bedeutung. Daher ist dieses Buch auf PEFC-zertifiziertem Papier gedruckt. PEFC garantiert, dass ökologische, soziale und ökonomische Aspekte in der Verarbeitungskette unabhängig überwacht werden und lückenlos nachvollziehbar sind.

Unterwegs an der französischen Atlantikküste

Bahn oder Auto?

Abgesehen von den größeren Städten sind nur die wenigsten Orte an der Atlantikküste per Bahn erreichbar. Für die Entdeckung der Vendée, der Küsten des Médoc und des Landes sollte man mit dem Auto unterwegs sein.

■ Details auf S. 182, 183

Faire du vélo: Fahrradfahren

Es wird sicher keine Odyssee, wenn man der »Velodyssée« nach Süden folgt. Fast immer mit Meerblick ist diese Küstenradstrecke in Tagestouren aufgeteilt, die große Entdeckungen versprechen.

■ Details auf S. 183

Autorikscha Tuk Tuk

Bei oft sommerlichen Temperaturen und leichter Brise sind asiatische Tuk Tuks genau das richtige Fortbewegungsmittel. Die dreirädrigen Originalgefährte von »Pays Basque Tuk Tuk« rollen gemächlich durchs Baskenland und nehmen bis zu sechs Personen für Ausflüge mit an Bord.

■ Details auf S. 156

Heißluftballon

Der Winzer François Pont ist seit 20 Jahren begeisterter Heißluftballonfahrer. Bei St-Émilion kann man in seine »mongolfière« steigen und die hügelige Landschaft zwischen Dordogne und Garonne aus der Vogelperspektive erleben.

■ www.bordeaux-montgolfiere.fr

Privattaxi

In einem typischen Londoner Taxi durch die Weinberge von Bordeaux fahren? Wine-Cab macht's möglich – mit Fotostopps, Halt bei Picknickplätzen oder Weinschlössern und Weinverkostung im Taxi.

■ www.wine-cab.com